よくわかる 盛岡の歴史

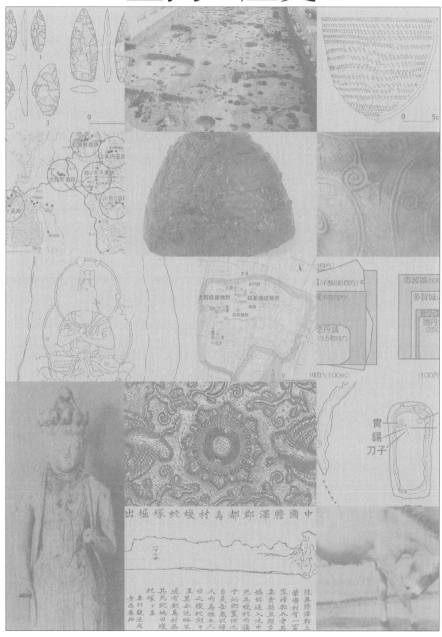

はじめに

　今、私は盛岡市の中心部にある盛岡城跡公園(もりおかじょうあと)にいます。かつて文学青年たちが夢を紡ぎ、その昔大勢の武士たちが集ったのがこの場所です。先人たちのいた時代に思いをはせながら、石垣を巡り中津川や市街を眺めていると時間がたつのを忘れてしまいそうです。

　岩手県の県庁所在地である盛岡市は、平成22(2010)年現在、約30万人の人口を数える東北の中核都市のひとつとなりましたが、その礎は16世紀末に盛岡城(不来方城(こずかた))が築城されたことによってつくられたと考えることができます。しかし、そのはるか以前から現在に至るまでの長い時間、多くの人々によるその時代に応じた懸命な営みがこの地で繰り広げられてきたのです。そんな先人たちが創(つく)り、守り育ててきた私たちの郷土の歴史や文化を受け継ぎ、次の世代に伝えていかなければならない。そんな想いから私たちはこの本を編みました。

　本書の特徴は、専門的な歴史書というよりも、いわゆる通史的な「歴史物語」にしようとした点が挙げられます。どうしても専門用語や人名など難しい言葉が多くなりがちな歴史の本を、物語のようにできるだけ平易な語り口にしようと心がけました。小学校の高学年から中・高校生、一般の方など、ほかにも広く読んでいただき「もりおか」の地に息づいている物語を感じてほしいのです。

　表記について筆者たちが取り決めたことがいくつかあります。

年号は「平成28（2016)年」のように和暦（西暦）という表記にしてあります。そのほうがなじみやすいのでは、と考えました。

　「もりおか」という地域については、藩政時代の区分をベースにしてありますが、厳密にはそれを適用しませんでした。広く親しんでもらおうという意図からです。

　読みにくいと思われる人名や地名、用語には初出にルビを入れるように配慮しました。小学校高学年や中学生程度の教科書よりやや難易度の高い内容が含まれていますので、煩雑に見えるかもしれませんが、読みを助けるために挿入しました。

　解説が必要だと思われる事項や特徴的な事柄については、文中に「コラム」として抜き書きしてあります。コラムに惹かれ、もっと詳しく知りたいと思っていただけたらこれにまさる喜びはありません。

かわることなく悠久の歴史を見つめてきた木々。
とうとうと流れゆく大河。
うごくことのない岩手山。
章程をゆるがせにせずに続くささやかな人々の営み。

　幾千万の昼と夜を越えて、この空と大地と大河が、これからも私たちとこの街を見守っていてくれることを願いつつ、物語の扉を開けたいと思います。

　　　　　　　　　平成28（2016)年7月

　　　　　　　　　　　　　　　著者一同

よくわかる盛岡の歴史 【目次】

第1章 自然と共生した時代

1 自然と共生する人々 …………10
人類の登場ときびしい自然　10
縄文時代の始まり　11
縄文文化の発展　12

2 きびしい自然とたたかう人々 …………16
山の中の弥生遺跡　16
きびしい古墳寒冷期　17
◆コラム◆ハナイズミモリウシの発掘◆　11
◆コラム◆萪内遺跡の鮃・抜歯◆　15

第2章 蝦夷から安倍氏へ

1 蝦夷と志波城 …………20
蝦夷の時代　20
蝦夷の交流の世界　21
蝦夷の生業　23
志波城と徳丹城　23

2 安倍氏の台頭と前九年合戦 …………27
安倍氏の奥六郡掌握　27
前九年合戦と後三年合戦　28
◆コラム◆志波城跡の整備◆　26
◆コラム◆厨川柵落城の悲劇◆　29

第3章 動乱の中世

1 平泉の世紀 …………32
平泉藤原氏の興亡　32
奥六郡の仏堂と居館　33

2 武家勢力の興亡 …………35
鎌倉時代の新秩序　35

南北朝の争乱　36
　　　永享和賀稗貫合戦　36
　　　戦国の乱世から統一政権へ　38
　　　◆コラム◆斯波郡の板碑・絵像◆　37

第4章　盛岡藩の成立と展開

1　盛岡藩の誕生 ……………42
　　　奥羽仕置と九戸合戦　42
　　　盛岡城の建設　43
　　　盛岡城の構造　44
　　　盛岡城下と街道の整備　45
　　　関ヶ原の戦いと金の産出　47
　　　盛岡藩政の安定へ　49
　　　南部重直の藩政確立　51
　　　◆コラム◆「五の字」の町割り◆　46
　　　◆コラム◆北十左衛門と金山の発見◆　48
　　　◆コラム◆虎を飼う◆　51
　　　◆コラム◆遅れた参勤交代◆　52

2　盛岡藩の再生と発展 ……………53
　　　10万石から8万石へ　53
　　　新体制での藩政立て直し　54
　　　にぎわう城下町　55
　　　盛岡藩の産業　57
　　　盛岡藩の財政　59
　　　盛岡藩士の収入　60
　　　◆コラム◆さんさ踊り◆　53
　　　◆コラム◆チャグチャグ馬コ◆　57

第5章　暮らしと文化、社会の動揺

1　藩士と領民の暮らし ……………62
　　　藩士の暮らし　62
　　　領民の暮らし　63
　　　寺院と神社　64

2　盛岡藩の教育 ……………… 65
　学問と文化　65
　寺子屋での教育　65
　藩校の設立　66
　洋学教育の始まり　67
　日新堂の開設　69
　　◆コラム◆吉田松陰と岩手◆　68

3　災害と飢饉 ……………… 71
　藩財政の危機　71
　大火　71
　洪水や噴火　72
　四大飢饉　73

4　国内外の変化 ……………… 75
　蝦夷地の警備　75
　20万石への加増　76
　相馬大作事件　77

5　民衆の意識の変化 ……………… 78
　弘化の一揆　78
　嘉永の一揆　79
　一揆が伝えるもの　80

第6章　近代から現代へ

1　明治維新 ……………… 82
　戊辰戦争　82
　白石へ　83
　旧藩士たちの苦労　84
　明治天皇の巡幸　85

2　近代の歩み ……………… 86
　自由の風　86
　市制施行　86
　鉄道と電気　87
　明治のハイカラ　87
　教育制度の改革　89

  盛岡城跡の公園化　91
  災害とたたかう　92
  大正の風　93
  好景気の波に　93
  大通・菜園地区の開発　94
  銀行パニックとたび重なる凶作　95
  南部馬　96
  戦争の拡大　97
  ◆コラム◆盛岡こと始め◆　89
  ◆コラム◆あるストライキ◆　91

3　戦後の復興と繁栄 …………………98
  復興への道　98
  進む開発　98
  マスコミと文化施設の充実　99
  岩手国体　100
  市街地の整備　101
  高速交通網　102
  拡大する街　103
  大震災の試練　103

  略年表 ……………………105
  盛岡藩主一覧 ………………………108
  索引（人名・地名・事柄）………………………109
  引用・参考文献 ……………………115
  挿図・写真出典一覧 ……………………115
  あとがき ………………………118

第1章 自然と共生した時代

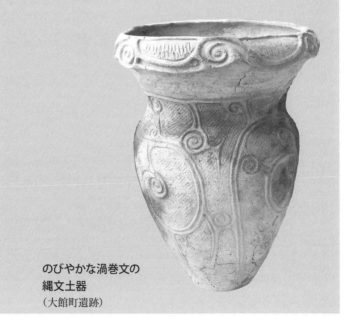

のびやかな渦巻文の
縄文土器
（大館町遺跡）

1 自然と共生する人々

人類の登場ときびしい自然

「人類のゆりかご」といわれるアフリカ大陸で、人類はおよそ700万年前に誕生したといわれています。類人猿から枝分かれし、猿人、原人、旧人、新人と、進化と絶滅を繰り返して、現在の私たちホモサピエンスになったのです。その長い時間のなかで人類はだんだんと火を使うようになります。寒さをしのぎ、肉などを焼いて食べるために欠かせない火は、人類の大きな道具となったのです。また木や石、動物の骨や角を素材にした道具もつくりだしました。使う目的に合わせてさまざまな道具をつくり、使い分けるようになってきたのです。それによって人類はいろいろな環境に適応できるようになり、全世界へ広がっていきました。

大陸と地続きだった日本列島に人類がやってきたのは数万年前です。遠野市宮守の金取遺跡で人工的な石器が出土した地層を調べたところ、約3.5万〜8.4万年前の年代であることがわかりました。8.4万年前にさかのぼるのであれば日本全体で見ても古い年代となります。全国的には4万年前からの遺跡が多くなり、この頃から列島での人類の活動が活発になってきます。

盛岡市の岩洞湖のほとりの小石川遺跡は、海面上昇によって現在の日本列島になった約1万数千年前のものと考えられています。石をたくみに打ち欠いてつくられた槍先やナイフといった石器、つくるときに飛び散った石片なども出てきました。石を加工しながら狩りのチャンスを待っていたのでしょう。小石川対岸の大橋遺跡でも、細かな石片を利用した槍先や

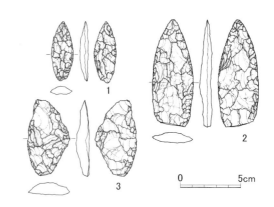

小石川遺跡の石器
　1・2は木葉形の槍先で、木の柄をつけて槍にしました。3は上部がナイフのような刃をもっています。いずれも旧石器時代最終末から縄文時代の初め頃に見られるタイプ。3点ともチャート製。

動物の皮なめしの石器などが見つかっています。皮なめしは毛皮の脂を搔き取るもので、毛皮を防寒服やテントに利用するための大事な作業でした。

旧石器時代と呼ばれるこの時代は定住することなく、食料となる動物や植物を求めて移動を繰り返す遊動生活でした。寒冷な氷河期が終わり、しだいに暖かくなり始めた頃ですが、寒の戻りもあって、きびしい自然のなかで人々は生き抜いていきました。

縄文時代の始まり

旧石器時代の終わり頃には土器がつくられるようになります。土器の多くにコゲがあり、食料の煮炊きに使われたことがはっきりしています。火にかけても燃えずに煮炊きができるよう粘土で容器をつくりだしたのです。土器の発明は食料となる動植物の範囲を広げただけでなく、温かいスープが体を温め、栄養も向上して、食生活はしだいに豊かになったのでした。

また氷河期からの温暖化によって、それまでの大形のナウマンゾウやハナイズミモリウシなどがいなくなり、タヌキやウサギなど小形の動物が増えてきました。敏捷な動物を狩るために弓矢が発明され、縄文時代が始まります。およそ1万5千年前のことです。

縄文時代初めの**草創期**の代表的な遺跡に盛岡市

縄文時代の時期区分

草創期	15000～11500年前
早期	11500～7000年前
前期	7000～5500年前
中期	5500～4500年前
後期	4500～3300年前
晩期	3300～2400年前

※縄文時代の開始年代にはいくつかの説があり、また終了年代も地域によって大きく異なります。

◆ハナイズミモリウシの発掘◆

昭和2（1927）年、現在の一関市花泉で田んぼの井戸を掘ったところ、動物の骨が多数見つかり、それが発端となって、昭和30年代から60年代にかけての発掘につながりました。調査は何度もおこなわれ、縄文時代に入る頃には絶滅してしまったヘラジカ、オオツノジカ、ナウマンゾウなどとともにハナイズミモリウシが発掘されました。

花泉の名を冠したハナイズミモリウシは野牛の一種で、体高は2mを超え、現代のバイソンに似ているといいます。

ヨーロッパのラスコー洞窟やアルタミラ洞窟の壁にも描かれた大形の動物が、数万年前の岩手の台地を駆けめぐっていたことを思い浮かべてみると、旧石器時代も身近に感じられます。

大新町遺跡があります。土器の表面に爪で刻みをつけた爪形文土器と呼ばれる土器が、破片で2000点以上出ています。底は丸く地面のくぼみに置いていたのでしょう。石器の数も多く、矢の先につける石鏃や矢柄を研ぐ砥石、ナイフ、穴をあけるドリルなど、種類も豊富です。反対に石槍などが減っているので、狩りの方法が変わってきたことがわかります。

住居の跡として、土器や石器が集中する場所が何か所もあり、そこがテントのような簡易な住居であったことがうかがえます。多くの土器などが残され、ベースキャンプとして繰り返し使われていたのでしょう。

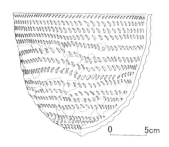

大新町遺跡の爪形文土器
指の爪先または笹の切り口などを押しつけた文様。底は丸みを帯びた尖底。全国の縄文草創期に特徴的な土器のひとつ。

早期になると竪穴住居が造られるようになります。地面に直径5m前後の大きな穴を掘り、柱を立て、屋根に草や木の皮をのせたものです。住居の中の炉で火をたき、煮炊きや暖をとることができるようになって、落ち着いた定住生活に変化してきました。また温暖化によってドングリやクリなどの森林が増え、収穫した木の実をすりつぶす石器も多くなってきました。安定した生活で人口もしだいに増えてきます。

盛岡の地域は早期の遺跡が多く、なかでも大新町周辺や北上川の東側に遺跡が集まっています。竪穴住居跡や底のとがった土器も数多く発掘されています。

縄文文化の発展

前期はさらに温暖化が進み、全国的にもこの時期の遺跡が増えてきます。盛岡ではなぜか少なくなり、滝沢の山裾などに多くの遺跡が移ります。

中期になると盛岡でまた遺跡が増え、全国的に見ても集落遺跡が密集し、人口密度が高い地域となります。人口が増えると、隣のムラと食料などをめぐって争いが起きやすくなります。そこでおおよそ直径5kmの生活範囲（領域、テリトリー）ができあがります。それぞれのムラの食料をまかなえる範囲が5kmだったのでしょう。領域ごとに大きな集落がつくられ、そのまわりに小さな集落または臨時的な集落が営まれました。

大きな集落のなかでも特に大きいのが大館町遺跡です。約800年にわたる長い間、推定でのべ1000棟もの竪穴住居が造られています。住居は220m×130mの範囲に

何十回と建て替えられています。中央には広場があり、長期間同じ場所でムラのマツリがおこなわれていました。当時の平均寿命を30歳、世代交代を20年間隔とすると、40世代にもわたる長命の集落でした。

遺跡からは、日本最大級の大形土器、煮炊きや貯蔵用、盛り皿などのさまざまな形の土器、肉などを切るナイフや木の実を粉にする磨り石、狩りのための石鏃など多彩な石器も出土しています。女性を象った土偶やペンダントなどの装身具はマツリで使われていました。マツリは獲物が獲れたときや季節の変わり目などに自然の恵みに感謝し、また子どもの誕生や婚姻、死者の葬礼、祖先を崇拝するときなどにおこなわれたのでしょう。ムラの人々の結束を固めることにも大きな意味がありました。

縄文時代も**後期**や**晩期**になると、気候が寒冷化し、それまでの小高い台地の上での生活からやや低い土地に生活の中心を移すようになります。代表的な遺跡のひとつに、

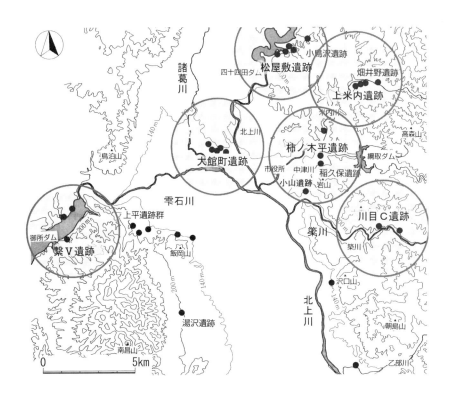

縄文時代中期の生活領域 縄文時代中期の集落は大規模で長期的な拠点集落と短期で規模も小さな集落とに分かれています。拠点集落を中心にほぼ直径5kmの範囲が一集団の生活領域（縄張り＝テリトリー）となっていました。自然の恵みをそれぞれ分け合って暮らしていたといえるでしょう。

大館町遺跡（県指定史跡）の住居跡群

繰り返し竪穴住居が建て替えられて、足の踏み場もないほどの穴だらけになっています。

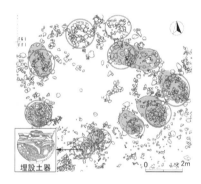

萪内遺跡の墓地

約1000基の墓が見つかっており、墓穴に直接埋葬しているものや土器に入れて埋葬するものなどがあります。埋葬したのち、その上に数十個の川原石をまとめて置き（配石）、死者の弔いとしました。

図は小さな円が配石の範囲、灰色が墓穴を示しています。10個ほどの配石が環のように並んでおり、近い時期に葬られたグループとみられます。こういったグループが長い期間にわたっていくつもでき、墓地はさながら「賽の河原」のようでした。

今は御所ダムの湖底に沈んでいる**萪内遺跡**があります。雫石川の河岸に約800年から1000年もの間、集落と墓地がセットになっていた遺跡です。住居跡は50棟、墓は約1000基からなり、墓からは火葬された人骨も見つかっています。歯が抜かれているものもあり、成人の儀式のときなどに抜歯されたものと考えられています。また墓地からほぼ等身大の大形土偶も出土し、祖先をまつるようなときの道具として使われていたようです。墓からいろいろな縄文人の風習を見ることができます。

さまざまな木製品や膨大な食料獲得の石器なども大量に出土し、縄文の生活誌が一遺跡で確認できる遺跡として、注目されています。

◇　　◇

縄文人は自然との共生を図りながら、生活していました。その時代の森林や河川などは、少しずつ姿を変えながら現代に引き継がれています。私たちの生活の中に縄文の知恵や自然を大事にする気持ちが今も残っているのは、自然環境との関わりが深く記憶に残されているからです。縄文文化は日本の**基層文化**として生きているのです。

また一方で、縄文時代の祖先のマツリや抜歯など、現代からみると理解しがたい風習など、**異文化**ともいえるものもあります。基層文化と異文化が重なり合って、現代の私たちがあるのです。

◆萪内遺跡の魞(えり)・抜歯◆

　今は御所ダムの湖底に沈んでいる萪内遺跡から、住居や墓だけでなく、魚を捕る魞(えり)、ドングリなどのアク抜きのための水さらし場、さらには人間の足跡などが発掘されました。大形土偶の頭部やトーテムポールなど多種多様な遺物が大量に出ています。昭和51～55（1976～80）年におこなわれた発掘調査のときから「縄文時代のタイムカプセル」といわれてきたゆえんです。

　その中で注目されるもののひとつに、墓穴から出た15体以上の火葬人骨があります。火葬後まとめてひとつの墓に埋葬されたため、骨は原形をとどめるものはなく細かく割れていましたが、上顎骨と下顎骨は比較的残りが良く、歯の状態がわかるものが多くありました。

　それらを分析した結果、抜歯の痕跡が認められたのです。抜歯は縄文時代の通過儀礼として健康な歯を抜く風習で、海岸部の貝塚で多く確認されています。内陸部では酸性土壌のため縄文人骨の検出例は多くはありません。火葬骨とはいえ、萪内遺跡の人骨は貴重な例といえるでしょう。

　萪内遺跡では抜歯はほとんどが犬歯に見られ、下の門歯4本を抜いた例もあります。これらは成人や結婚など人生の節目で抜歯がおこなわれたものと考えられています。苦痛と不便さを想像すると、現代では理解しにくい風習ですが、だからこそ縄文時代では重要な儀式だったのでしょう。

萪内遺跡の「魞」
　魞は川の中に杭などを立てて、魚を追い込む装置。図の矢印は川上から魚を追い込む方向を表しています。

2 きびしい自然とたたかう人々

山の中の弥生遺跡　弥生時代には、日本列島で**農耕**が本格的に始まります。西アジアなどとくらべると8000年ほど遅くなっています。それは日本列島が豊かな森林に恵まれ、自然から得られる動植物の恩恵が大きかったからです。

　農耕は気候によって左右されるため、西日本、東日本、北日本で異なった弥生文化となりました。西日本は米づくりの生産力が高かったので、富をたくわえ権力をもつ者が現れて、身分の違いがはっきりするようになります。また北になるほど狩猟や植物採集の割合が高く、縄文時代の生活が色濃く残されていました。弥生時代の開始も、最も早い紀元前900年頃の西日本の北部九州と、最も遅い東日本とでは700年もの開きがあります。

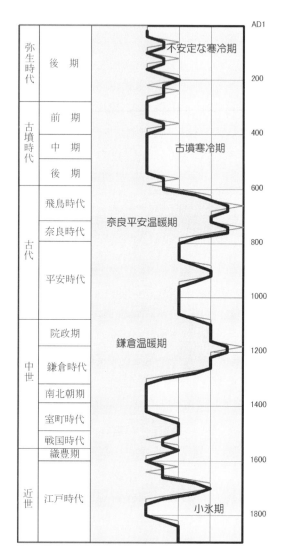

尾瀬ヶ原の泥炭層から復元される気候変化

　稲作の技術は早い段階で青森県にも伝えられ、水田跡も発掘されています。しかし気候が不安定なため東北北部では稲作は定着せず、東北南部より南に限られました。

集落も、東北北部では大きく発展することはなく、規模のやや小さな集落が多くなっています。また弥生時代後期には水気のある低い土地ではなく、小高い丘陵に集落を営むようになります。丘陵では、畑作などがおこなわれていたのでしょう。

きびしい古墳寒冷期

弥生時代終わりの3世紀、西日本各地の王たちがヤマト（奈良盆地）を中心とする連合を組みます。そして王の墓として前方後円墳と呼ばれる独特な形の古墳を造るようになって、古墳時代が始まります。

しかし東北北部から北海道にかけては、古墳が造られた西の社会とは大きく異なっていました。巨大な古墳が造られなかっただけではなく、定住的な竪穴住居も建てられませんでした。人々は各地を転々と移動し、狩猟や植物採集に頼る遊動生活をしていました。遊動生活では農耕もおこなわれず、墓は小さな家族墓で、身分の違いもない社会でした。**定住・農耕・階級**のない社会を形成していたのです。

この時期はかなり寒冷な時期で、**古墳寒冷期**と呼ばれています。低温なうえに雨が多く、洪水もしきりに起こったといわれ、東北北部では農耕をおこなうどころではありませんでした。

盛岡では中津川と来内川が合流する付近に**永福寺山**や**薬師社脇遺跡**があります。楕円形の墓には東北南部の古墳社会の土器や、当時は貴重品だった鎌や斧・刀子といった鉄の道具が墓に納められていました。石やガラス製の小玉が1000個以上も副葬されていました。首飾りのビーズに使われたのでしょう。

北海道でも同じように遊動生活がおこなわれており、その北海道の土器が盛岡周辺まで影響を及ぼし、よく似

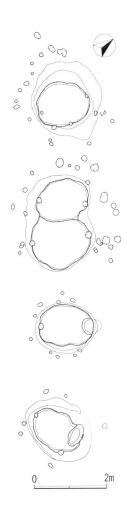

永福寺山遺跡の墓

山岸の永福寺の裏山で、4世紀の墓穴が5基並んで確認されました。楕円形で長軸1.3～1.6m、深さ0.6～0.8m。両端の底には小さな穴があり、墓標を立てた跡と思われます。本州の土器と北海道系の土器が一緒に出ており、南北の文化が交差していたようです。

た土器もつくられるようになります。また南からの土器や鉄器も使われており、南北の文化が盛岡の地域で交差していたのです。

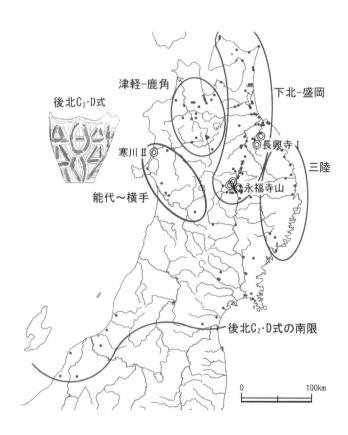

北海道系土器の分布（4世紀頃）

　4世紀頃の北海道系土器（後北C_2・D式）は北海道島だけでなく、東は千島、南は新潟〜宮城県まで広く分布する土器です。これほどまでに広がりをもった土器はほかにはなく、驚異の土器です。

　ただ東北地方全体に一様に広がったわけではなく、図のように集中区域があり、特に下北〜盛岡では永福寺山遺跡などで墳墓も確認されるほど、濃密な分布でした。土器の細かな文様をみると北海道のものとは少し異なっていますので、運び込まれたのではなく、東北でつくられたものです。そのつくり手は北海道からの移住者とする説と東北人とする説とがあります。このように土器から人の動きを探る研究も進められています。

第2章 蝦夷から安倍氏へ

蝦夷の長の冑
（県指定有形文化財　上田蝦夷森古墳群出土品）

1 蝦夷と志波城

蝦夷の時代

　東北地方の古代史の主役は、蝦夷と呼ばれた人々です。古代は畿内を本拠に天皇を中心とする政府（朝廷）がこの国の政治をおこなっていた時代です。当初その範囲は東北地方の南部までで、支配の外にあった東北北部や北海道を辺境といい、そこに住む人々のことを蝦夷と呼ぶようになります。飛鳥時代が始まる6世紀末頃のことです。

　古墳寒冷期は次第に温暖化し、長い冬の時代を抜けて北の人々は大きくはばたき始めます。稲作や畑作など農業生産も本格的に開始され、今までの転々とした遊動生活から定住生活に変わります。盛岡周辺でも盛岡市大館町遺跡や滝沢市高柳遺跡などで、7世紀に竪穴住居が造られ始めます。

　7世紀から8世紀の奈良時代にかけての集落は、竪穴住居が一辺8m以上の特大のものから3mほどの小さなものまであります。大形の住居のまわりに小形の住居が配置されています。大きな住居は村の長や大家族の家の長の住居でした。大きな住居からは鎌や斧、紡錘車（糸紡ぎの道具）などの生産用具が出土

百目木遺跡の竪穴住居群
　盛岡市三本柳にひろがる古代の大集落群。大形（着色）と小形の竪穴住居からなる8世紀の集落。大形の住居には紡錘車（糸紡ぎの道具）や鎌など農具が所有されていました。

する割合が高くなっています。生産用具を持つことは農作業や機織りなどを管理し、生産された物を分配する権限をもつことを表しています。

平安時代の9世紀から10世紀になると、住居の大小差が小さくなり平均化してきます。家の長の権限が小さくなり、それに代わって、より広い地域をまとめる有力者が生まれてきます。彼らは竪穴住居ではなく、役所風の掘立柱建物に住み、有力者として地域の支配者としての地位を確立していくのです。

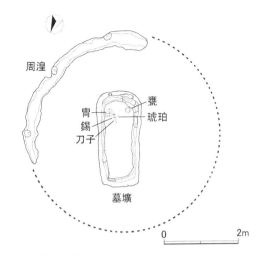

上田蝦夷森古墳群1号墳
　長方形の埋葬部には鉄製冑（かぶと）や鎖状錫製品、琥珀、甕、刀子（ナイフ）が副葬されていました。片側に偏っているので頭は南向きだったのでしょう。墳丘の裾の溝が環状に巡っています。直径5mほどと推定されます。
　冑（本章の扉写真）は宮城県から九州の古墳から出土しているものと似ていますが、正面の突起が小さくなっています。蝦夷向けに製作された特注の冑だったのかもしれません。

家の長は**末期古墳**と呼ばれる墓に埋葬されています。直径4～10mの墳丘をもつ墳墓です。多いところで100基を超えるような大きな古墳群も造られました。埋葬部には、長方形の墓穴に木槨を設けるものと、川原石で石組みを造るものとがあります。

盛岡では、7～8世紀の玉山の**永井古墳群**と**上田蝦夷森古墳群**が木槨、**太田蝦夷森古墳群**と飯岡の**高舘古墳**は石組みとなっています。このほかにも8世紀～9世紀前半の**飯岡沢田遺跡**や**飯岡才川遺跡**でもやや新しい時期の墳墓群が発掘されています。

蝦夷の交流の世界

　末期古墳には遠くから運ばれてきた品々が副葬されていますので、副葬品から蝦夷がどの地域と交流していたかがわかります。7世紀には鉄製や金銅製（銅に金鍍金）の馬具、刀、壺などがあり、東国（関東・中部・東海地方）からもたらされました。北からはロシア原産といわれる錫製の環（腕輪など）が北海道を経由して入ってきています。

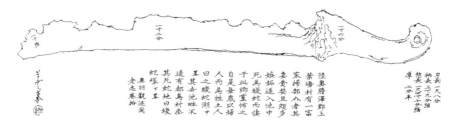

蕨手刀
　蕨手刀は柄が早蕨のように丸くなることから松浦武四郎によってこの名が初めて用いられました。全国で約290点の出土が確認され、東北と北海道でそのうちの8割を占めることから「蝦夷の刀」と呼ばれることもあります。遠くは鹿児島でも出土しており、蝦夷限定ではないのですが、蝦夷好みの刀だったようです。岩手県では全国の1／4にあたる70数点が確認され、全国最多です。
　　図は松浦武四郎（弘）が紹介した胆沢郡都鳥村蝮蛇塚出土のもので、現在の奥州市角塚古墳からとみられます。武四郎は「蕨手刀」の名称を初めて使った人です。

　この時期に活発な交流・交易がおこなわれた背景には、国の拡大政策があげられます。日本海側では斉明天皇4～6（658〜660）年に阿倍比羅夫が、新潟あたりを出発し、秋田や津軽を経由して北海道島まで船団を率いた北征がおこなわれています。また仙台平野に地方支配の役所がつくられ、移民が盛んにおこなわれるなど、人の流れが活発になります。中央政府が支配を大きくするために外に目を向けた時期と連動して蝦夷社会の交流も盛んになったのです。
　8世紀の奈良時代には和同開珎という貨幣や銅製の帯金具が入るようになります。東北地方の蝦夷は平城京（奈良の都）へ上京して正月の行事に参列しています。その際に馬など地元の特産物を持参し、その見返りに位や姓といった名誉とともに、革帯のついた衣服や織物などを受けてくるのです。朝廷が蝦夷を行事に参列させるのは、周辺の民族を従えていることを内外に示すためでした。また、上野国（今の群馬県）などでつくられ始めた**蕨手刀**が東北でも広く用いられるようになり、末期古墳にも副葬されています。
　このように、交流の大きな波が蝦夷社会に押し寄せ、そのつど蝦夷は多くの文物を受容しながら、独自の文化を展開させていったのです。蝦夷社会は決して閉鎖的な社会ではありませんでした。

蝦夷の生業(なりわい)

　この時代の生活は農業を基本としていました。集落も縄文時代に多い丘陵ではなく、水田に適した低い平野部につくられます。鍬先や鎌などの農具も出土しています。近年は水田跡や畑跡そのものが発掘され始め、また住居跡の土壌から多くの穀類も確認されるようになってきています。今後生業の解明がさらに進むものと期待されます。

　また北の大地は豊かな自然を抱えており、農業のほかにも狩猟や植物採集など、多様な生業で暮らしを支えていたのでした。

　陸奥(むつ)は**馬の産地**としても有名です。7世紀には蝦夷の社会にも馬が普及し、末期古墳に馬具が副葬されるようになります。品種改良が重ねられ、陸奥国の馬が全国で最も高い評価を受けるようになりました。この馬産地の伝統は中世の「糠部(ぬかのべ)の駿馬(しゅんめ)」や近世の南部馬などに引き継がれていきます。

　記録によれば、蝦夷が馬上から弓で戦えば一人で十人並みの強さを発揮したということです。日頃から馬を飼いならし、狩猟などにも利用していたのでしょう。

モウコノウマ（多摩動物公園）
　肩までの高さが1.1～1.2mほどの小形の馬です。たてがみが立っているのが特徴で、日本の古墳時代～古代の馬はこのモウコノウマとみられています。

志波城と徳丹城

　朝廷は蝦夷を支配するため、城柵(じょうさく)という拠点を東北各地につくります。一番古い城柵は新潟の越後平野に大化3(647)年に造られた淳足柵(ぬたりのき)です。それから東北地方では宝亀5(774)年から弘

東北地方の城柵遺跡

仁2(811)年にかけて、足かけ38年間に及ぶ朝廷と蝦夷との38年戦争がおこなわれました。その結果、北上盆地は朝廷側の統治下に置かれることになり、その拠点として造られたのが延暦21(802)年の**胆沢城**(奥州市)と翌年の**志波城**です。最後の弘仁3(812)年頃の矢巾町**徳丹城**まで、165年の間に約30か所の城柵が築かれました。胆沢城や志波城をたて続けに造営したのは、朝廷の領土拡大政策が最も積極的な時期だったからです。

志波城は一辺8町(840m)四方の規模をもち、陸奥国府(国の役所)の多賀城(宮城県多賀城市)に匹敵する最大級の城柵です。外郭を築地塀で囲み、その外側に大溝を巡らしています。各辺には中央の門と60m間隔に櫓を建てて、防御を固めています。壮大な門と長大な築地塀は、蝦夷たちが上京して見た平安京をモデルにしており、国家の力を誇るための効果をねらったものでした。

そのすぐ内側には兵舎である竪穴住居群を配置しています。兵士を人間の楯のように配置して、陸奥国最北の城柵としての備えを厳重にしたのでしょう。

城の中央には500尺(150m)四方の政庁を設置し、周辺には役所の建物を建てています。政庁は平安宮を縮小した形で、城柵が天皇の代理機関であることを印象づけよ

志波城跡の政庁周辺の様子

うとしています。

　志波城は蝦夷に対する軍事と地域支配の拠点であることが強調された城柵でした。そのために東国から多くの兵がかりだされ、全国からは武器や武具、兵士の食料などが強制的に集められました。その大事業は平安新都造営とも合わせ、社会全体を疲弊させ、人々を苦しめる原因になっていきました。そのため、東北への拡大政策は後退を余儀なくされ、志波城から規模の小さな徳丹城へ移転することになります。

　志波城ができて8年後の811年、**和我・稗縫・斯波**の3郡（北上市・花巻市・盛岡市の南部と紫波郡）があらたに設けられました。その直後に水害を理由に徳丹城への移転計画が出されます。

　徳丹城（矢巾町）は、規模が一辺約3.5町（350m）と大幅に縮小されます。小規模とはいえ内部は多くの建物が建てられて、地域の蝦夷支配の役割は志波城から引き継がれていました。その徳丹城も30年ほどで使われなくなり、北上盆地は胆沢城を中心にした胆沢・江刺郡と和我・稗縫・斯波郡を合わせた5郡の広域の支配体制へと移行します。胆沢城には蝦夷を武力で鎮めるための**鎮守府**という役所も置かれていて、陸奥北部の重要な拠点でした。

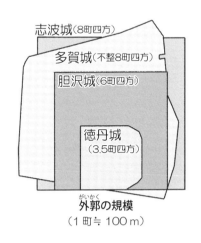

志波城の規模の比較

◆志波城跡の整備◆

　志波城跡は現在「志波城古代公園」として整備されています。南の正面から入ると、遠くで見るより迫力のある外郭南門と両翼の築地塀、櫓が目に入ってきます。

　これらの復元は、発掘調査で確認された柱穴の真上に建てられていますが、柱の配置をもとに、奈良～平安時代に建立された現存の建物や絵巻物から推定されました。ただ現存の建物は寺院や社殿がほとんどで、絵巻物も城柵のイメージとは異なるので、それらを総合的に解釈して設計されました。解釈が異なれば別の姿になる可能性も残されていますから、復元は「実物大の模型」ともいわれます。

　それでも細部にはこだわって復元がなされています。南門の木材はすべて青森ヒバを用い、表面は槍鉋で仕上げられ、釘も特注の角釘を使っています。櫓は丈夫なクリを柱にしています。

　築地塀は当時よりも長持ちするように粘土やニガリが加えられていますが、土を細かく搗き固めながら積み上げていく古代の版築技法で築かれています。

　一方、地下の遺構を保存することも整備にあたっての最優先事項です。建物の復元が地下の柱跡を壊しては保存活用のための整備の意義が失われてしまいます。そこで採用されたのが発泡スチロールです。密度の高い直方体のスチロールを地表に並べ、その上に門や築地塀を建てているのです。

　志波城は見えないところで現代工法を駆使して遺構を保全しながら、遺跡の規模の大きさを体感し、古代の技法を実感できる整備の仕方をしているのです。

復元された志波城外郭南門
（国指定史跡　志波城跡）

2　安倍氏の台頭と前九年合戦

安倍氏の奥六郡掌握

　平安時代の中頃、京では藤原氏が天皇家と姻戚関係を強め、摂政や関白の要職を代々独占する摂関政治が始まります。全国的にも朝廷の権限が弱まり、武士なども活躍し始めていた時期でした。その頃、蝦夷を支配する目的で築かれた多賀城や胆沢城がその役割を終えます。しだいに、蝦夷に対して「日本人とは異なる」という見方も少なくなってきます。

　北上盆地では胆沢城がなくなり、**鎮守府**が残されます。鎮守府には鎮守府将軍が京からやってきますが、地元の有力者が役人になって、しだいに鎮守府の実権を握るようになってきます。鎮守府では、胆沢城時代の5郡に加え、のちに設置される岩手郡を含めた6郡（奥六郡と呼ばれる）を広域に管轄することと、北方交易の管理などがおこなわれていました。北方交易は、東北北部から北海道で産出する馬や羆皮、アシカ皮、昆布などを取引していました。鎮守府は朝廷に納めるそれらの品々を集め、陸奥国府を経由して都へ送り出していました。それらの品々は都でとても珍重されていたので、鎮守府将軍なども大きな利益を得ることができました。

　鎮守府のなかで各地の有力者をたばね、奥六郡を支配するようになったのが安倍氏です。古くは安倍氏が蝦夷の末裔と考えられていましたが、近年では中央から役人としてやってきた貴族の血を引くとの説が有力です。安倍忠好（忠良）は陸奥権守という陸奥国トップクラスの役職に任じられるほど有力な武士（当時は兵と呼ばれていた）として力をつけています。

　前九年合戦を記録した『陸奥話記』に、12の軍事拠点の柵（当時、柵は「たて」と読まれていたようです）が書かれています。そのうちいくつかは忠好の子の**安倍頼良（頼時）**の拠点で、一族によって奥六郡の支配がおこなわれていました。頼良の子**貞任**は厨川次郎を名乗り、**厨川柵**を本拠としていました。一番北の厨川を本拠としたのは、厨川柵が岩手郡の掌握だけではなく、北方社会との窓口として重要だったためと思われます。

　厨川柵の遺跡はまだ確認されていませんが、厨川柵は盛岡市安倍館町や天昌寺町などに存在したと推定されています。

前九年合戦と後三年合戦

前九年合戦は、安倍氏と陸奥国司軍との合戦です。陸奥国司は陸奥全体の長官で、多賀城付近に役所がありました。『陸奥話記』には、安倍氏が税を納めず、奥六郡の南の磐井郡に勢力を拡大したため、陸奥国司が安倍氏を討つことにしたと、書かれています。

合戦は、永承6(1051)年鬼切(一関市付近か)で始まり、安倍氏側が勝利します。そこで朝廷は優れた武力をもつ **源 頼義** を陸奥守とし、のちに鎮守府将軍を兼任させ、安倍氏を討たせようとしました。ちょうどそのとき天皇の祖母の病気快復祈願のため大赦があり、安倍氏も許されました。

しかし、源頼義が将軍の任期を終えようとした天喜4(1056)年、人馬が殺される事件が起こります。頼義はその罪を安倍貞任にかぶせようとしましたが、父の頼時は怒って貞任を差し出すことを拒みます。こうして合戦が再開されますが、このときも安倍氏の勝利でした。頼時の娘婿である **藤原 経清** が安倍氏側に味方するようになったのはこの戦いのときからです。

頼義は出羽の **清原 光頼**、**武則** 兄弟に援軍を求め、清原氏の1万余りの兵と頼義軍3000人とが合流して戦うこととなりました。戦いはほとんどが奥六郡の南の磐井郡でおこなわれています。磐井郡はこのときには安倍氏の支配地になっていたのでしょう。それまでとは形勢が逆転し、頼義・清原連合軍が一気に優勢となります。安倍貞任は北の最後の拠点である厨川柵まで撤退し、連合軍は決戦を挑みます。安倍氏側は奮戦しますが、ついに柵は落とされてしまいます。貞任や経清は亡くなり、経清の妻は清原氏に嫁がされます。そのときの連れ子がのちの **藤原清衡** です。康平5(1062)年、12年に及んだ前九年合戦に幕がおろされました。

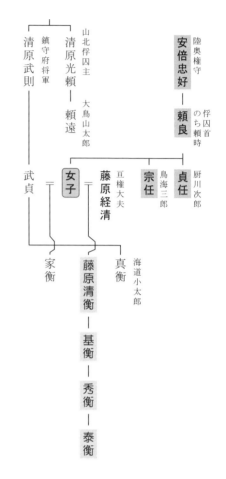

安倍氏・清原氏・平泉藤原氏の略系図

こうして安倍氏の奥六郡の地は清原氏に渡り、清原氏は北奥羽最大の実力者となったのです。
　ところが、それから21年たった永保3（1083）年に清原氏の真衡、清衡、家衡の三兄弟が争う**後三年合戦**が起こります。真衡が当主の権限を強めようとしたのに対し、清衡や家衡がこれまでの一族支配を守ろうしたのが合戦の原因といわれています。源頼義の子義家が争いに関わってきて、寛治元（1087）年まで5年間にわたる合戦が繰り広げられます。
　その結果、三兄弟でひとり勝ち残った清衡が、実父の藤原姓を名乗り、平泉での拠点づくりを始めます。安倍氏の血を引き、前九年と後三年合戦をくぐり抜けた清衡によって平泉藤原氏の時代が築かれていくことになります。

奥六郡と柵・合戦場

◆厨川柵落城の悲劇◆

　『陸奥話記』の作者（藤原明衡とする説が有力）は一貫して源頼義側の立場で前九年合戦を描いていますが、ところどころ安倍氏側を讃える場面があります。
　厨川柵落城前後、貞任の弟の則任の妻が夫の死を覚悟し、残されてひとり生きることはできないと、3歳の子を抱きながら深い淵に身を投げます。作者は彼女のことを烈女と讃えています。
　また貞任らの首が都に運ばれたとき、首を担いでいた貞任の従僕だった者が、高き天のようだった主人の髪を自分の汚れた櫛で梳りながらむせび泣く様子が描かれています。見物に集まっていた多くの人々も涙をさそわれたといい、作者は従僕の忠に篤いことを賞賛しています。
　作者は読者の判官贔屓を意識してこのようなエピソードを盛り込んだのではないかと思われます。その語源になった義経の悲劇は後三年合戦よりあとの12世紀のことですが、当時の人々の心性にはすでに判官贔屓のような敗者への思い入れができあがっていたのでしょう。

東楽寺の木造十一面観音菩薩立像 ©岩手日報社
（県指定有形文化財）

　盛岡市玉山区の東楽寺には、明治初期の廃仏毀釈の災厄で行き場を失った仏像群が保管されています。11世紀制作とみられる十一面観音立像は県指定文化財だけでも5体あり、江戸時代には盛岡仁王にあった像も残されています。写真の十一面観音立像は高さ164cm、柔和な面立ちが残されているものです。

　平安仏は岩手県に約120体が残されており、東北地方全体の4割以上を占めます。12世紀の平泉期の仏像が多いことと廃仏毀釈の徹底が他県よりやや弱かったためと思われます。

第3章 動乱の中世

鴛鴦(おしどり)と瑞花が描かれた八稜鏡
(岩手町どじの沢遺跡)

1 平泉の世紀

平泉藤原氏の興亡

東北地方の中世は、大まかに見ると世紀ごとに特徴があります。まず12世紀は平泉の世紀、13世紀は鎌倉幕府支配の世紀、14世紀は南北朝の争乱の世紀、15世紀は室町幕府支配の世紀、16世紀は戦国の世紀ということができます。そして16世紀の終わり頃、近世へと移ります。それでは順を追って中世の流れを見ていきましょう。

康和2(1100)年頃、藤原清衡は**平泉**に新しい都市づくりを始めます。その事業は2代基衡、3代秀衡に引き継がれていき、文治5(1189)年までおよそ100年に及ぶ「平泉の世紀」が展開されます。館と呼ばれる堀で囲まれた政治や生活のための居館、仏教の教えを都市づくりの基本のひとつにするための中尊寺、毛越寺、無量光院などの寺院、さらには一族や郎党の屋敷、商工業者の街並みが整備されます。

北奥の12世紀の遺跡

平泉は武士藤原氏の政治拠点でした。柳之御所遺跡の居館跡などにその威勢が示されています。大形の建物のそばには中島をもつ池が配され、そこで頻繁に催された宴席で大量のかわらけや陶磁器が使われていました。

平泉は寺院が多く、仏教都市ともいわれます。清衡が敵味方なく戦いで亡くなった人たちを供養するなど、仏教の教えが色濃く出ていました。天皇や最高位の貴族が寺院を建て、仏教を背景にした治世がおこなわれたのが、この時代の特徴で

した。平泉もその時代の流れの中で、寺院が建てられたのでした。

　また白河関（福島県の南端）から平泉や盛岡を南北につらぬいて、外ヶ浜（青森県の陸奥湾西岸）まで約500kmに及ぶ奥大道という幹線道路が整備されました。これは、北海道島や津軽、糠部（青森県東部〜岩手県北部）など北方からの産物を輸送する重要な産業道路でもあり、沿道の有力者たちとの共同事業だったようです。

　東北北部の12世紀の遺跡は青森県津軽から秋田県比内（大館市付近）にかけて集中してみられます。奥大道沿いに多いことから、平泉藤原氏の支配がこの地域まで及んでいたといわれています。

　ただ使われている陶磁器は、平泉の組み合わせと大きく異なっています。平泉は渥美焼や常滑焼が多く、津軽では能登半島で焼かれた珠洲焼などが多くなっています。それぞれ異なる流通圏、経済圏にあったことを示しています。

　交易を通じて津軽や比内で成長してきた地元の有力者と、平泉と連携して奥大道の整備や維持管理などをしていたとみられます。平泉藤原氏は東北各地の勢力とゆるやかな連携関係の盟主（リーダー）の役割を担っていたのでした。

奥六郡の仏堂と居館

　盛岡市浅岸の**堰根遺跡**でも12世紀の屋敷跡が確認されています。近くの**前野遺跡**や**落合遺跡**からは仏像を安置した仏堂跡

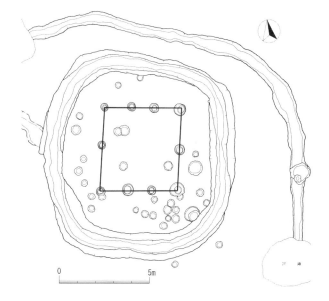

前野遺跡の仏堂跡
　中津川と米内川が合流するあたりには、12世紀の遺跡が集中しています。前野遺跡は中津川の南側にあります。仏堂跡はまわりを環状に巡る周溝の中に約4.5m四方の宝形造（屋根が四角錐のようになる）の建物跡です。中津川の北側の落合遺跡でもよく似た仏堂跡が発掘されています。

も発掘されています。

　浅岸地区は盛岡の中でも12世紀の遺跡や遺物が集中するところです。このあたりを流れる中津川の流域に有力者が台頭していたことをうかがわせます。

　紫波町にある**比爪館跡**は藤原氏の一族樋爪俊衡の居館跡です。まわりよりやや高い土地の周囲に浅い堀と土塁を巡らしています。内側の建物は四面に廂をもつ格の高いもので、何回も建て替えられています。同じ位置に同じ規模の建物を建てるのは、館の主の支配が安定していたことを示しています。

　平泉藤原氏は文治5（1189）年、鎌倉に本拠を置く源頼朝に攻められ、滅びます。これを**文治奥州合戦**といいます。比爪館の樋爪俊衡も敗れ、頼朝の前に引き出された俊衡はただ経を唱えるだけだったといいます。そのため斬首はまぬがれ、比爪に残ることを許されます。

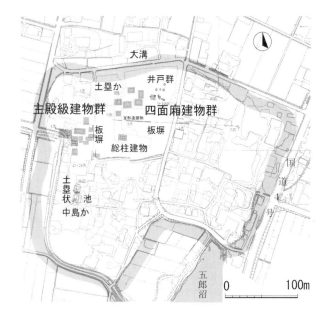

比爪館跡
　紫波町赤石小学校の敷地内で多くの建物跡が確認され、四面廂と呼ばれるまわりに廂のついた格式ある建物が多く、宴会用のかわらけも多く出土しています。この地域の拠点であったことがうかがわれます。

2 武家勢力の興亡

鎌倉時代の新秩序

源頼朝は、文治奥州合戦で平泉を攻めたその足で、前九年合戦での祖先の頼義の功績を偲ぶため、厨川を訪れます。そのときに御家人（家臣）であった伊豆（静岡県）の**工藤行光**を岩手郡の地頭に任命します。そのほかにも奥羽各地で御家人や在地の有力者を地頭にして、鎌倉時代の新秩序をつくり上げます。

斯波郡は上総（千葉県）の**足利義兼**の所領になったといわれます。足利氏は3代あとの**家氏**の代から、所領の斯波郡にちなんで斯波氏と呼ばれるようになります。多くの土地で関東の御家人の武士があらたに所領を得ましたが、実際には本人ではなく、一族や家臣に現地の支配を任せていました。

その後、鎌倉幕府内で執権を代々務めた**北条得宗家**がしだいに勢力をもってきます。

鎌倉時代前期の御家人の配置

北条氏は権勢をもって奥羽でも支配地を広げ、奥羽の半分は北条得宗領になってしまいます。このときも北条氏が直接出向いて治めていたのではなく、家臣や在地の有力者を地頭代として支配させていました。岩手郡の工藤氏もそのような立場になります。

この頃に築かれたのが、盛岡市向中野の**台太郎遺跡**で確認された居館です。幅5mほどの大溝でまわりを区画し、大形の建物を建てています。

このように、北条得宗家を頂点に岩手郡の地頭代、各地の有力者、そして一般農民の順で、はっきりとした序列の社会が形成されてくるのです。

南北朝の争乱

鎌倉幕府はしだいに全国支配の力を弱め、元弘3(1333)年に滅びます。**後醍醐天皇**は天皇親政をめざし（南朝）、**足利尊氏**は武家政権をかかげ（北朝）、南北朝に分かれて国内全体が争乱状態におちいりました。

奥羽では、南朝方の北畠顕家が陸奥守として赴任し、北朝方の斯波家長が陸奥国府を攻

鎌倉時代の領主の屋敷跡（台太郎遺跡）

撃するなど、奥羽でも南北朝の対立が続きました。この頃北畠家家臣の南部師行が糠部郡（岩手県北部から青森県東部）の奉行となります。南部氏が奥羽の歴史に登場し始めるのがこの頃からです。

南北朝は明徳3(1392)年に合体します。この長い争乱の過程で、奥羽の勢力地図も大きく変わりました。斯波氏の本家は室町幕府の三管領のひとりとして中央政界で活躍しました。一族の大崎氏が**奥州管領**（のちに奥州探題と呼び方を変更）として、今の大崎市名生館を本拠に奥羽支配の実権を掌握するようになります。斯波郡の斯波氏も奥羽北部の要として大きな勢力をふるい、斯波御所と呼ばれるようになります。

南部氏も糠部を中心に勢力をたくわえてきます。このときの南部氏の中心は八戸市根城に本拠を持つ根城南部氏でした。室町時代の新しい時期になってからは三戸郡に本拠を有する三戸南部氏が台頭してきます。

永享和賀稗貫合戦

南北朝の争乱が一段落したのち、北奥羽全体を巻き込んだ戦いが起こります。永享7(1435)年5月、和賀郡内で和賀氏と須々孫氏が争いを始めたのです。その争いは隣の稗貫氏などを巻き込み、動乱が拡大します。そこで、和賀氏は八戸根城に本拠を置く**南部氏**に支援を求め、南部氏は北奥羽の有力者に呼びかけ、兵を集め、連合軍を組織します。集まった有力武将は今の青森県と秋田県、岩手県の北部から雫石、さらには三陸あたりにまで及びます。

◆斯波郡の板碑(いたび)・絵像◆

　斯波郡には多くの板碑が残されています。板碑は中世の供養碑のひとつで、多くは板状の石に梵字を刻むので、この名があります。紫波町、矢巾町では板碑は柱状の自然石を用いるのが特徴で、梵字が風化して消えたと思われるものも含めて約90基の碑があります。

　図のように大日如来や不動明王を石に線刻した絵像も残されています。

　年代が記銘されている碑は14基あり、正応5（1292）〜延文6（1361）年の70年間で、特に元徳3（1331）年までの40年間に集中し、年号が不明な板碑もこの前後が多いと考えられます。鎌倉時代後半にあたりますが、南北朝期（1336〜92年）に入る前後から急速に衰退しています。

　板碑の分布を見ると、中世の寺院である伝法寺(でんぽうじ)・新山寺(しんざんじ)・高水寺(こうすいじ)・大荘厳寺(だいしょうごんじ)・蓮華寺(れんげじ)の周囲に集中しています。有力寺院が供養の導師を勤めたためですが、寺院が地元に働きかけ碑を立てる風習を持ち込んだのでしょう。またそれらの寺院は伝「安倍道」や伝「鎌倉街道」、「東街道(あずまかいどう)」といった古道沿いに分布していることも大きな特徴です。

　斯波郡には、中世初期の比爪館跡や陣が岡、鎌倉時代の板碑群があり、さらに室町時代以降の斯波氏の高水寺城(こうすいじじょう)はじめ多くの中世城館が分布しています。まさに「中世の里」です。斯波の古刹（古い由緒のある寺院）が江戸時代になってから盛岡に移されるなど、盛岡の原郷ともいえる地域なのです。

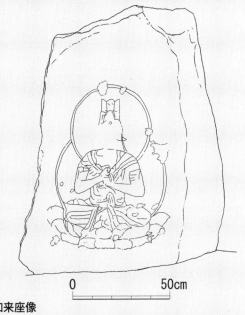

矢巾町伝法寺館跡の大日如来座像

2万から3万人の連合軍は**不来方**（のちの盛岡城のあたり）に終結し、雪解けを待って翌年2月に斯波で旗揚げをしています。2月から5月にわたる合戦の末、連合軍が勝利し、和賀氏が和賀地方の支配権を確保しました。和賀稗貫合戦は一地域の合戦ですが、この戦いで南部氏が中心的な役割を果たしており、また斯波御所が総大将に就いています。当時の武将たちの力関係が現れた出来事として注目されます。

この頃の遺跡として**繋Ⅲ遺跡**があります。繋大橋のたもとにあった遺跡で、雫石川に向かって張り出した台地の先端に建てられた屋敷跡です。武士であったかははっきりしませんが、繋地域の有力者が住んでいたと考えられています。

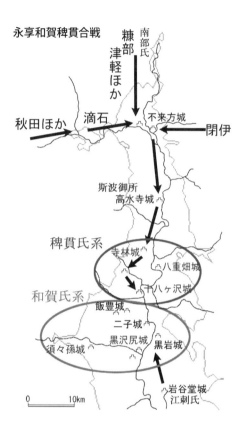

戦国の乱世から統一政権へ

室町時代は不穏な情勢が続き、応仁の乱などが起こりました。明応2（1493）年の明応の政変をきっかけに全国が戦国時代に入ります。各地の有力武将が自立の動きを始め、急成長をとげて戦国大名となっていった時代です。

戦国時代には戦乱が続きましたが、一方で産業の発展が著しく、経済が活性化して、各地の合戦を経済的に支えました。強く統一的な政権がなかったので、混沌とした時代のようにみえますが、歴史の歯車は大きく回っていたのです。

奥羽での動きのうち、盛岡に関わりのある**三戸南部氏**は、現在の青森県南部町の本三戸城（聖寿寺館）を拠点にしていました。発掘調査では15世紀後半から16世紀前半の遺物が多く見られ、この頃からの三戸南部氏の活躍が確認されます。本三戸城は、天文8（1539）年の炎上により三戸町の三戸城に移ります。三戸南部氏はその後、津軽

や秋田大館地方を攻めて勢力下に置き、八戸根城の南部氏をしのぐ北奥羽の有力な戦国大名に成長していきます。

　永禄11（1568）年、織田信長が「天下布武」の号令のもと上洛を果たし、戦国時代が終わろうとしているなか、全国各地ではまだ戦いがおこなわれていました。陸奥でも1580年代には**南部信直、斯波詮直、葛西晴信、大崎義隆、伊達政宗**といった有力武将を軸に合戦がおこなわれていたのです。

　盛岡の南では南部氏と斯波氏が争っていました。斯波氏は**高水寺城**（のちに郡山城と改称、今の紫波町城山）を本拠に、雫石川と築川以南から滝名川の南までを範囲とする斯波郡、さらには大釜など岩手郡の一部や雫石盆地を勢力下に収めていました。猪去と雫石には斯波氏の一族を配置し、猪去御所や雫石御所と呼ばれる拠点を置いていました。現在の盛岡市の南半分が斯波氏と深く関わっていたのです。

　北奥羽では南部信直がしだいに勢力を強めていきます。天正16（1588）年には高水寺城を攻め、斯波氏を滅ぼします。これは斯波氏の娘婿となった高田吉兵衛（九戸政実の弟、のちに中野修理亮と改名）の画策によって、斯波氏の家臣団が分断され、斯波方と南部方に分かれたと伝えられています。

　斯波氏側の記録が残っておらず詳細ははっきりしませんが、斯波氏が降伏し、300年以上続いた斯波氏

斯波氏の勢力範囲（天正年間）
　●は中世城館跡。『奥南落穂集』所載の家臣団の姓から復元。図には表われていませんが、鱒沢氏、大迫氏、達曽部氏など稗貫郡出身の家臣も見られます。

2　武家勢力の興亡

の支配が終焉したことは事実です。そして南部氏が斯波氏の旧領を治めるにあたって、旧臣の召しかかえや寺院の保護など、相当の配慮がおこなわれています。

　南部氏や斯波氏を支えた各地の武士は、堀や土塁で防御した大小の城館を構えていました。城館の多くはこの戦国時代に築かれたものです。有力な武将だけではなく、多くの人々が乱世に直接関わっていたのです。

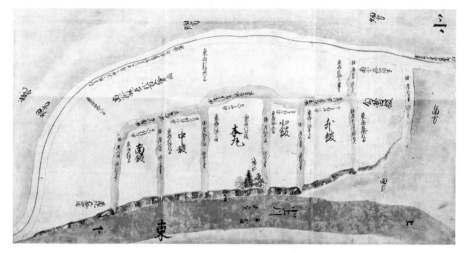

栗谷川古城図（安倍館遺跡）
　寛文8（1668）年に描かれた栗谷川城の図。北から勾当館・外館・北館・本丸・中館・南館の名が記載され、それぞれが深い堀で分かたれていることがよくわかります。おもに戦国時代（16世紀）を中心とした中世の工藤氏の城館遺跡です。

第4章 盛岡藩の成立と展開

描かれた盛岡城
(狩野存信筆『三幅対』のうち「盛岡城図」部分)

1 盛岡藩の誕生

奥羽仕置と九戸合戦

織田信長が天正10(1582)年の本能寺の変で明智光秀に討たれたあと、天正18(1590)年7月、豊臣秀吉は小田原北条氏を滅ぼしました。そして、命令に反して小田原に参陣しなかった奥羽地方の大名である大崎・葛西・和賀・稗貫氏らの所領を没収しました。これを秀吉の**奥羽仕置**といいます。このとき、小田原に駆けつけた三戸の**南部信直**は宇都宮近くで秀吉から7郡の所領を認める朱印状を受けました。7郡は糠部・鹿角・閉伊・岩手・志和に加え、

南部信直像（『南部氏歴代画像』より）
南部家初代光行から35代（盛岡藩10代藩主）利正までの甲冑姿が描かれる絵巻の一部。信直だけが抜刀し、九戸政実らしき首を抱えています。

奥羽再仕置後の南部信直領
天正18(1590)年豊臣秀吉が奥羽の大名の所領を決定し、検地や刀狩りなどをおこないました。これを「奥羽仕置」と呼び、翌年九戸合戦後の再仕置によって和賀までの所領を認められます。

久慈・遠野とする説が有力です。

　それから3か月後、所領を没収された大名の家臣や農民たちは、次々と一揆を起こしますが、強大な秀吉軍に敗れました。一揆というと百姓一揆のイメージが強いのですが、同じ政治目的のために結びついた集団が起こす行動を意味します。天正18（1590）年の和賀・稗貫での一揆もそのひとつです。

　翌天正19（1591）年正月には、秀吉軍の引き上げるのを待って、奥州仕置に納得しなかった南部氏の有力な一族九戸政実が立ちあがります。古くは九戸政実の乱、近年は**九戸合戦**または九戸一揆と呼ばれる戦いが始まったのです。政実は南部信直を苦しめ、戦いは長引きました。そこで信直は秀吉に助けを求め、4月嫡男の**利直**を京都に派遣し実情を訴えました。秀吉はこれに応じ、上方や奥羽から10万ともいわれる援軍を送り、九戸政実の九戸城を囲みました。九戸軍はわずか5000人ほどでしたが武器・食料が豊かで、九戸城で最後まで粘り強く戦い続けましたが、9月ついに降伏します。政実は栗原郡三迫で処刑されたのでした。

　九戸城は信直の城となり、和賀、稗貫郡の領地も新しく与えられました。これによって奥州の北部は南部信直の所領となり、近世の新時代の基礎ができあがっていきました。

盛岡城の建設

　盛岡の地に南部氏が新しい城を築き、城下町をつくろうとしたのは、九戸攻めがきっかけでした。秀吉軍の大将浅野長政が九戸から引きあげる途中、北上川と中津川の合流点の小高い花崗岩の丘陵（今の盛岡城跡公園の場所）のあたりを見て「南部氏の領土も南方に広がったことだから、政治の中心もこの辺に置くのがふさわしいのではないか、軍事的にもいい条件だ」と信直に築城を勧めたといわれています。ここには古くからこの地を治めていた福士氏の不来方館があり、水運に利用できる北上川が流れ、米づくりに利用できる平地がまわりに広がっていました。

　このように秀吉の全国統一が完成し、兵農分離も進んで新しい近世の時代が始まったとき、南部信直とその子利直によって、盛岡に新しい城と城下町を築くことが決まったのです。城の構造は三戸城を基本として、城門などに新しい時代の設計を取り入れたものとなっています。ただ、築城開始年ははっきりとした記録がなく、諸説があります。文禄元（1592）年頃から慶長3（1598）年にかけて整地工事から段階的に始められたようです。

　築城工事は、毎日2000人もの人々を動員しておこなわれました。その場所は、当時北上川と中津川との合流点にある硬い花崗岩でできている台地でした。大きな自然の

花崗岩を利用したり、あるいは烏帽子岩のように岩をそのまま残したりしています。しかし、2つの川の洪水や氾濫による水害で工事はうまく進みませんでした。

そのため、寛永10（1633）年の完成までに40年近くもの歳月がかかってしまい、信直、利直、重直の南部氏3代にわたる大工事となりました。その後新たに石垣を築いたり修復したりしているため、場所によって石組みや石積みに違いを見ることができ、長い間の技術の移りかわりがよくわかります。

盛岡城の構造

盛岡城は本丸などの城内、その外側の外曲輪、さらに外側の遠曲輪の三重構造からなり、その総坪数は約9万坪（30ha）といわれています。これは東京の上野動物園の約2倍に相当する広さです。

本丸は城の一番高いところに位置して、藩主の政務や公式行事がおこなわれる表御殿と、藩主と家族の私的な奥御殿とが建てられました。

二の丸は本丸よりも一段低いところにあって、本丸とは屋根のある廊下橋でつながれていました。藩の主な政治をおこなうところで、手狭になったため、のちに新丸（今の中央通り三田商店のあたり）が新たに建てられます。二の丸には100石以上、新丸にはそれ以下の家臣が城勤めをしていました。

三の丸はさらに一段低くなっているところで、北東側の角には烏帽子岩があり、南東部には石組みの井戸が残っています。この三の丸の外側には勘定所などの役所が設けられ、現在桜山神社の拝殿や社務所があります。三の丸の南側に藩主やその家族たちの食事をつくる台所も設けられました。現在城跡公園の広場になっているところです。

城内の外側には堀と土塁で区画して外曲輪という南部氏の一門や高い身分の武家屋敷のエリアを設けました。今の県庁や公会堂、市役所などがある内丸のあたりです。外曲輪への出入り口には大手門・中の橋門・日影門を設けています。

さらにその外側の遠曲輪、または総構えといったエリアも堀と土塁で囲み、家臣の屋敷や町人街としました。遠曲輪での出入り口には穀町惣門など7つの門を置いています。寺院も城下の防衛を考え、遠曲輪の外側の北山一帯と寺の下地区に集められていました。このように現在残っている盛岡城跡公園は当時の盛岡城の一部なのです。

盛岡城は、江戸時代の城としては、それほど大きいものではありませんでしたが、北上川・中津川を自然の外堀として利用しており、政治的にも軍事的にも優れた城でした。当時全国一の技能をもつ近江の穴太衆の指導を受けて積み上げられた石垣は堅固さと美しさから、東北の名城のひとつに数えられています。

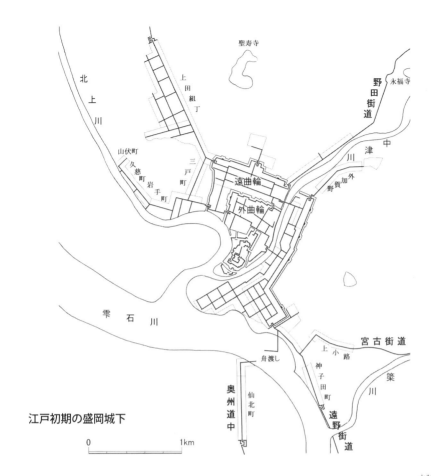

江戸初期の盛岡城下

盛岡城下と街道の整備

盛岡の街づくりで大きな課題が川でした。そこで中津川に**上の橋**〔慶長14（1609）年〕、**中の橋**（慶長16年）、次いで**下の橋**（慶長17年）を架けることによって市街地を広げることができました。北上川は川幅が広いため橋を架けることは難しく、最初は舟渡しでした。

次いでおこなわれたのが、寺院の整備でした。もともと盛岡（不来方）に東顕寺があり、三戸や福岡から聖寿寺・教浄寺・報恩寺・大泉寺を城下の北部に、永福寺を鬼門鎮護として北東部に置いています。

また志和からも本誓寺・興福寺（広福寺）・新山寺・源勝寺・大荘厳寺・高水寺が移されました。志和の寺院は斯波氏旧勢力の取り込みと旧斯波氏領の古刹の保護が目的であったようです。有力寺院の取り込みによって、宗教面からの南部氏支配の確立を図ろうとしています。このようにして城下町の骨格ができあがってきました。

上の橋の青銅擬宝珠（国認定重要美術品）

　中津川には上の橋・中の橋・下の橋の三橋が架けられました。これによって河南地域を城下に組み込むことができ、城下に広がりができました。

　三橋のうち上の橋と中の橋の欄干に擬宝珠がつけられました。現在は下の橋にもついていますが、もともとは白木の橋でした。

　中津川はたびたび洪水が起き、橋も流されましたが、流失した擬宝珠の代わりには慶長14（1609）年や慶長16（1611）年の年号が刻まれて補充されました。慶長年間が街づくりの原点ということでしょうか。

　盛岡城築城が開始された頃の道は現在とは大きく違い、今の下小路のあたりから上田堤のあたり、北東部の山沿いを通っていました。街道整備は盛岡城を藩の中心地として、領内各地への往来を盛んにするために重要な事業でした。まず幹線の**奥州道中**（奥州街道）を整備し、一里塚を築いたのは慶長15（1610）年です。中津川三橋と主要街道整備とがほぼ同時におこなわれたことになります。

　その後、野田・小本・宮古・遠野（釜石）・秋田の脇街道が整備されます。街道の出入り口には番所を設け、足軽・同心を配置して組丁としました。

　また、北上川を利用して人や物を運ぶ舟運を開きました。盛岡の積出港となった新山

◆「五の字」の町割り◆

　盛岡の城下町は五の字型の街路となるように造られているのが特徴です。この方針は、南部利直の信任が厚かった重臣北信愛の進言によって決定されたと伝えられています。

　「人々の往来が多いところでは、幹線道路を一の字型にすると往来に便利で人通りは増え、にぎわうかもしれない。でもそれだと裏通りはさびれてしまう。ましてや盛岡は往来がそれほど多いわけでもないので、城を中心に前後左右に道路を造ることで多くの人々が商いできるようにすることがよいのではないか。また、敵が攻めてきた時を考えると一本道にすると見通しが良くなるので、これを避けるためにも五の字の町割りがよい」（『祐清私記』）。こうして、今に残る町割りの基本的な考えが決まったのです。

　街道沿いの宿場町は一の字形、都市としてのふくらみをもつ城下町は五の字形になるのは、全国共通といえるでしょう。

河岸（今の明治橋あたり）には、荷物を集積する大きな蔵が建ち並び、にぎやかになっていきました。

　このように盛岡築城と新たな街づくりが大きく進められ、盛岡の基礎がつくられた時期でした。新しい街の名前も不来方を改めて、縁起のよい「盛る岡」の意味をもつ**盛岡**と命名されました。

　慶安4（1651）年の時点では、盛岡は23町でした。領内の地区ごとの人口統計を取り始めた天和3（1683）年には藩内の人口は306,032人、そのうち城下の人口は34,414人（藩の人口の約11％）ほどでした。武士人口は使用人なども含めると約22,090人でしたので、武士中心の町であったことがわかります。

関ヶ原の戦いと金の産出

　話はややさかのぼって、秀吉政権によって南部氏の領国は定まったのですが、慶長3（1598）年に秀吉が亡くなると、今度は徳川家康が勢力を強め、世の中の様子が変わってきました。

　慶長5（1600）年、石田三成ら西国大名たち（西軍）と徳川家康（東軍）との天下分け目の**関ヶ原の戦い**が起こり、徳川軍が勝利します。この戦いに東北の大名たちは直接参加せず、前年に信直の跡を継いだ2代南部利直も、家康の命により上杉氏攻撃のため山形に出兵していました。

　一方地元では、盛岡藩領になったばかりの和賀郡、稗貫郡で、和賀忠親や大迫又三郎らが旧領奪回をめざして再び**和賀岩崎一揆**を起こしました。利直は、翌年岩崎城に籠城していた忠親らを打ち破り、この一揆を抑えました。

　これと前後する慶長年間に、鹿角郡（現在は秋田県）の**白根金山**が開発され、純度の高い良質の金が産出されるようになりました。

　それ以降、鹿角郡や志和郡を中心におこなわれた金山開発は、盛岡藩の重要な財源

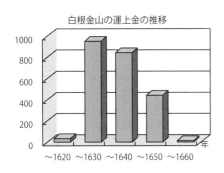

盛岡藩の産金

　盛岡藩最大の鹿角白根金山は慶長年間（1598年頃～）以降、操業を開始し、江戸時代初期に最盛期を迎えます。その後寛永中頃（1635年頃～）に湧水・浸水により衰退し、寛文年間（1661年頃～）には銅山に移行します。

　当初は北十左衛門が金山奉行となり藩直営でしたが、その後山師や商人に経営を請け負わせ、運上金（一種の営業税）を徴収するようになります。

1　盛岡藩の誕生　47

となりました。盛岡城下や街道などの整備も豊かな財源があったからこそできた事業でした。

　金山で働く人々は全国から集まり、なかには多くのキリシタンもいました。民謡『金山(かなやま)踊(おどり)からめ節』が生まれ「田舎なれども　南部の国は　西も東も金の山」と歌われたりしました。

◆北十左衛門と金山の発見◆

　南部利直の時代、鹿角郡の奉行となった北十左衛門は、農民たちに「願い事があったらなんでも遠慮なく申し出よ」とおふれを出したそうです。するとひとりのおばあさんが「親類のものに田畑をとられて困っている。取り返してほしい」と申し出てきました。そのとき持ってきた山芋を見ると、その芋に砂金がくっついているではありませんか。それに気づいた十左衛門が芋の畑を買い取ったのが、白根金山の始まりだといわれています。

　その十左衛門は、大坂冬の陣のとき、豊臣方の大坂城籠城に加わります。十左衛門から豊臣秀頼への進物品には金が塗られた弓矢などがあり、「南部の光武者」と呼ばれたそうです。

　豊臣軍との戦いが始まると、大坂城から徳川方に飛んでくる矢に「南部十左衛門源信景」の名がありました。「これはどうしたことだ。南部氏は裏切ったのか」と２代将軍徳川秀忠から問いただされた南部利直は、「私の家臣で金山奉行だったものが行方不明になっております。そのものが勝手に南部を名乗っているのです」と弁解したそうです(『祐清私記』)。

　十左衛門は、自分の子どもが利直によって命を失ったことを恨んで豊臣方についたといわれます。大坂の陣のあと、徳川方に捕まり南部利直に引き渡された十左衛門は、やがて盛岡で処刑されました。

　この話には諸説あり、実は大坂の陣で豊臣側が勝った場合でも一族を残すために、南部氏がこっそり配下の者を送り込んでいたのではないかという話も伝わっています。

盛岡藩政の安定へ

慶長19（1614）年、豊臣方を攻める**大坂冬の陣**が始まり、家康は諸大名に召集を命じました。しかし関ヶ原の戦いのあと、世の平和に慣れ、鉄砲や槍がさびついたり、また戦いを恐れたりしたためか、兵が集まりませんでした。南部利直は北海道や下北半島の蝦夷（アイヌ）も引き連れ、合わせて3300人とも5500人ともいわれる兵を集めて出陣しました。元和元（1615）年、大坂の夏の陣には利直は出陣を免除されています。

関ヶ原の戦いから大坂の陣を通じて江戸幕府の全国支配が確立します。全国の諸大名の領地も決められ、安堵状が交付されます。盛岡藩は秀吉の時代からの領地であったため、家康や秀忠からの安堵状は発給されませんでした。

3代将軍家光の代になって、盛岡藩3代藩主の重直に対し、寛永11（1634）年、陸奥国10郡10万石の安堵状（**領知判物**）が初めて出されました。10郡とは北（明治になって上北と下北に分割）・三戸・二戸・九戸・鹿角・閉伊・岩手・志和・稗貫・和賀です。秀吉の時代の糠部郡は北〜九戸の4郡に分割されるなど、郡の再編がおこなわれました。糠部は今の岩手県北から下北半島まででしたから、ひとつの郡では広すぎるので分割されたのでしょう。

10郡は幕府公認の地域の単位ですが、盛岡藩ではこれとは別に**通制度**を設けていました。いつ頃できたかははっきりしませんが、各地に代官所を置き、その管轄区域をしだいに「通」と呼ぶようになったようです。寛文末年（1670年頃）以降、領内は33の行政単位に整理されて、のちに25通とされました。

盛岡藩の家臣団の再編も徐々におこなわれます。江戸初期の家臣団のなかには、九戸合戦や斯波氏との戦いで信直の配下になった者も多くいました。斯波方と戦った信直は、斯波方の切り崩しを図り、天正16（1588）年の合戦では斯波方の有力武将を味方に引き込み、勝利しました。斯波氏降伏後、南部方についた者には数百石の家禄を与え、旧斯波方の者には50石前後で召し抱えたといいます（『奥南落穂集』

徳川家光からの領地安堵状

徳川将軍の代が変わるたびに全国の大名に領地を認める安堵状が出されました。盛岡藩は北・三戸・二戸・九戸・鹿角・閉伊・岩手・志和・稗貫・和賀の10郡、10万石が認められました。10万石はこののち8万石、10万石、20万石と増減します。

1　盛岡藩の誕生

による)。

天正18(1590)年には1000石以上が23人、500〜999石が23人、100〜499石が162人、100石以下は7人と、高禄の者が多くいました。44年後の寛永11(1634)年の記録では、家臣総数も増えていますが、1000石以上は17人、500〜999石が12人、100〜499石が228人、100石以下を231人として、高禄者の割合を大幅に下げています。どのようにして家臣の石高を減らしていったか記録は残されていませんが、それぞれの家が分家して石高を分けていったことも大きく影響しているようです。

家臣の筆頭は12000石の八戸氏です。八戸氏は根城南部氏で、戦国末期に三戸南部氏の勢力が強まるとともにその家臣になっていました。寛永4(1627)年、利直の命により、南の仙台藩への押さえとして遠野へ移されます。三戸南部氏が盛岡に移って盛岡南部氏といわれるように、遠野南部氏と称されています。

盛岡藩の通（とおり）

郡境を越えることもあり、たとえば上田通は今の盛岡市上田などの岩手郡から宮古市門馬や平津戸など閉伊郡にまたがっていました。それぞれの通の石高を見ると、ひとつの通がおよそ5000石程度になるよう分割したことがわかります。そのため耕地の多い北上盆地の平野部は細かく分かれ、山間部の多い地域は広い面積になっています。

南部重直の藩政確立

重直の33年にも及ぶ統治については、江戸時代に編纂された史書などでは評判の悪い藩主とされてきました。江戸で生まれ育ってわがままで、短気、乱暴な性格だったことや、家臣の意見を聞かず譜代の家臣を追放したり、新しく多くの家臣や芸人たちを抱えるなど独断的に振る舞うことが多かったからです。また藩の存亡に関わる跡継ぎを決めずに卒去したことも大きく影響しています。

しかし、一方で重直は盛岡藩の基礎を固めるために相当力を入れ積極的に政策を進めていたことも確かです。父利直の事業を引き継ぎ、盛岡城を完成させて居城とし、太鼓の代わりに大きな鐘をつくって町中に時を告げさせるなど、城下の繁栄と安定化を図りました。

また産業面でも、岩手郡から紫波郡に広がる畑作地帯を水田に変えようという釜津田甚六の慶長年間以来の計画を発展させます。雫石川からトンネルを掘って水を流す鹿妻穴堰の拡張大工事を進め、米の生産高を増大させました。領内で産出する多くの金を守るため、全国的な銀の流通に合わせて承応元（1652）年には「領内ではすべて銀貨を使うべし」と命じ、金貨も砂金もすべて両替屋で銀貨に換えさせ、金の領外持ち出しを禁じました。

正保2（1645）年には、米の流通を図るため北上川河口の仙台領石巻港に米蔵を建て江戸廻米の拠点にしました。さらに参勤交代を繰り返す間に、明暦3（1657）年、重直が帰国途中、領内を歩いてみると、あまりに街道が曲がりくねっていて、見苦しいだけでなく交通も不便であることに気づき、さっそく日光街道のように、主な街道には松並木を植えて整備させました。

寛永17（1640）年から3年続いた凶作飢饉で、東北地方が大きな被害を受けたとき

◆虎を飼う◆

江戸時代の初めの頃、当時の藩主利直は、豊臣方と徳川方の決戦となった大坂の陣（1614～1615年）での働きが認められ、徳川家康からほうびとして虎をもらうことになりました。遠くカンボジアあたりから連れてこられたと考えられますが、この虎は、町人たちに危害を加えたりして、ついには殺されてしまいます。

虎を飼っていた虎屋敷といわれた正伝寺の号は、養虎山といいます。この寒い岩手に、その昔、虎がいたというのは驚きですね。

には、米蔵を開いて領民の救助にあたりました。

このように、重直像の再評価が進められています。これらの治績には新しく召し抱えた家臣を含め、多くの家臣団の支えと、金山などの豊かな財源が背景にあったことはうまでもないでしょう。

なお、金山に多くの**キリシタン**が入り込んでいたことから、承応2（1653）年「切支丹宗門改」として、藩政の基礎となる領内の戸口調査が初めて実施され、戸数は3万8747戸、人口は29万2028人であることがわかりました。

◆遅れた参勤交代◆

　寛永12（1635）年、江戸幕府は、譜代大名も外様大名も必ず守らねばならない新しい「寛永武家諸法度」を発布しました。それまでの自発的な大名の江戸参勤を改めて、1年おきに領地と江戸を往復する参勤交代制度を全大名に義務づけたのです。これは将軍権力の強化とともに、大人数での江戸往復で大名の財力を弱めるねらいもありました。そのため大名の妻子は人質として江戸に残されました。

　南部重直は、発布の翌年最初の参勤組となり、さっそく盛岡に戻りました。その翌年は参勤の年ですが、正月早々、将軍家光は諸大名に江戸城の堀の普請を命じ、盛岡藩の家臣も動員されました。

　きびしい状況のなかを3月21日、重直の初めての参勤交代の240人ほどの大名行列が盛岡を出発しました。江戸までの約550kmを12泊13日で行くのが基準だったので、到着予定は4月2日でした。ところが花巻でもめ事があり、江戸到着は10日も遅れてしまったのです。

　そのため、幕府は武家諸法度違反ではないかときびしく追及し、重直はただちに桜田の屋敷で謹慎させられました。このことは当時江戸にいた大名たちの間で南部家は国替えか取りつぶしになるのではないかと大きな噂になり、南部氏にとって重大な危機でした。

　ところが翌年12月22日、幕府は家光の勘気（怒り）がとけたと公表しました。重直は大喜びで、重臣たちを江戸に呼び寄せ、りっぱな馬やたくさんのお礼の品を持って将軍や重役たちをまわらせました。

　重直がこのような軽い処分で済んだのは、実は父利直と家康との深いつながりによるもので、利直の教育を受けた水戸の徳川頼房や春日局などが南部氏を助けようと手を尽くしたといわれています。このことは、その後の幕府と盛岡藩の関係に好ましい影響をもたらしました。

2 盛岡藩の再生と発展

10万石から8万石へ

　重直は実子や養子が早く亡くなり、跡継ぎが決まらないまま寛文4（1664）年9月、江戸で病死しました。跡継ぎを決めずに藩主が亡くなれば、その家は断絶というのが当時の幕府の決まりでした。実際に関ヶ原の戦い以後、改易といって家も領地も取り上げられた大名が30人ほどもいたのです。重直死去の知らせが盛岡に伝わると、領内にはいろいろな噂が飛び交い、重直に召し抱えられた有力な新参組と伝統的な譜代の家臣たちが跡継ぎをめぐって対立して争っていたために、南部家は取りつぶしになり城受け取りの使いが来るだろうなどと藩内で大騒動になりました。

　その動きは江戸にも伝わり、もし幕府に反抗して南部勢が兵を挙げれば、関ヶ原の戦いに敗れた各地の大名や浪人たちも立ち上がり、天下の争乱になるなどの噂が広がったそうです。

　幕府は、その年11月に重直の2人の弟、**重信**と**直房**を江戸に呼びました。そして、重直が前々から養子について申し出ていたこと、また父利直の徳川家への特別の功績を認めて、重直の遺領10万石のうち8万石を重信に、2万石を直房に分けて相続を認めることを伝えました。こうして南部氏は2つの家に分かれて続くことになったのです。こ

◆さんさ踊り◆

　ギネスブックにも登録を申請するほどのたくさんの太鼓を中心に、真夏の夜、3～4日間で数万人もの人々が中心部を踊り歩くさんさ踊り。夏になるとみんながわくわくする、古くから親しまれてきた盆踊りで、今では、東北を代表する夏祭りのひとつです。

　その起源をたどってみるといろいろ説があり、広くいわれているのが三ツ石神社に残る「三ツ石伝説」です。

　昔、人々に悪さをしていた鬼を三ツ石神社の神様がこらしめたところ、鬼は「もう二度と悪さをしません」という約束の印に石に手形を押したというのです。これを喜んだ人々が感謝の気持ちで踊ったのが、『さんさ踊り』だということです。

　伝承の仕方によって各地で微妙に異なっていますが、現在も伝承され、踊られ続けています。

の知らせが盛岡に届くと、家臣たちはみんな城に駆けつけて小躍りして喜んだそうです。主君亡きあと、領内の人々はみんな不安な日々を送っていましたが、ほっと安堵の胸をなでおろしました。

新体制での藩政立て直し

　8万石になった盛岡藩は、藩政の立て直しに入ります。4代目の新藩主**南部重信**が初めて盛岡城に入り家臣一同と対面したとき、これからは譜代も新参も公平に扱うことをはっきりと示しました。そのうえ、米1俵を2升増加させ3斗7升と定めて家臣の収入を増やすことを定めたのです。

　重信が家督を継いだときは50歳でしたが、78歳で隠居するまで高齢にもかかわらず豊かな経験を生かして積極的な政治を展開し、その後の盛岡藩の仕組みをほぼつくり上げたといわれています。

　まず藩主相続問題は2万石を分地することで解決しましたが、2万石の領分をどこにするかが問題でした。そこで仙台藩との国境防備のため遠野に移った重臣八戸弥六郎の八戸の跡地を中心に、重直の取り上げた譜代家臣の跡地などを分地しました。米の生産力を考えて紫波郡の4か村を加えて2万石とし、**八戸藩**としました。

　8万石となった盛岡藩は寛文6（1666）年から天和3（1683）年まで領内の総検地を実施しました。この間に各地で新田開発を推し進め、石高の増加に努めました。

　その結果、天和2年には内高（実際の石高）は27万石余りとなりました。翌天和3年には花巻、和賀の新田2万石を加えて10万石の表高（幕府公認の石高）を復活させることに成功したのです。

　先に述べた通制度（P49.50）も整備し、領内の10郡587の村々を33通に分割し、1通に1人の代官を置いたのです。その後、寛政4（1792）年には25の代官所に整理されました。

　領内にあった郡山城（斯波氏の旧高水寺城）を廃城とし、花巻城と三戸城に置いていた城代を改め、郡代（稗貫郡の代官）や奉行にするなど、領内支配の変革をおこないました。

　また、城下の発展にともなって再整備も進められることになりました。その最大の工事が北上川の流路の付け替えでした。北上川はそれまで、今の旭橋あたりから桜城小学校南側を通って盛岡城の西側を流れていて、城が洪水の危険にさらされるため、北上川を直線にする工事が必要となりました。新築地（現在の大沢川原3丁目）を築いて雫石川と合流させ、さらに杉土手を築いて現在の大きな北上川の流れができたのです。難

新山舟橋の図（『増補行程記』部分）

工事でしたが、これによって大沢川原や川原町が新しく生まれ、城下町が広がりました。

　北上川には**新山舟橋**（現在の明治橋の下流側）が渡され、参勤交代の行列もそのまま川を渡ることができるようになりました。夕顔瀬橋には土橋も架けられ、**同心丁**（**新田町**）ができ、北上川の西にも市街地が拡大するようになりました。

　この時期にできた盛岡城下はその後多少の変化はありましたが、幕末までほとんど変わることなく続きました。新しい動きが出るのは明治23（1890）年の鉄道開通のときになります。

にぎわう城下町

　町割りが整備され、城下がにぎわいをみせるようになった頃、これらの町では、**市**が開かれるようになり、商売が盛んになっていきます。市は、月に3回、または6日あるいは8日といった決まった日に露天で開かれていましたが、**紺屋町**や**呉服町**を中心にしだいに店舗を構えるようになり、豪商も現れてきました。

　城下の一番外側にあたる遠曲輪の出入り口には**惣門**という大きな門を設けて番所を置き、往来する人々や物の流れを監視していました。藩の特産物である米・駒（馬）・

2　盛岡藩の再生と発展　55

蠟・漆・くろがね（鉄）類の流れには、特に目を光らせていたそうです。三陸の海産物については、山岸や宮古街道沿いで荷物改めをするなどして、きびしく取りしまっていました。

さらに城下の町ごとに、町を守るための木戸が設けられていました。町人の住んでいる町は原則として夜間は外出禁止であり、木戸は夜間には閉められ、木戸番が寝ないで守っていました。火事はひとたび起こると大きな被害を与えるため、木戸番は火の番もしていました。

盛岡藩では、城下に出入りする主要な街道沿いに土手で囲んだ**枡形**と呼ばれる場所をつくり、そこに番所を置き、枡形の近くには下級武士である足軽を配置するなどし、

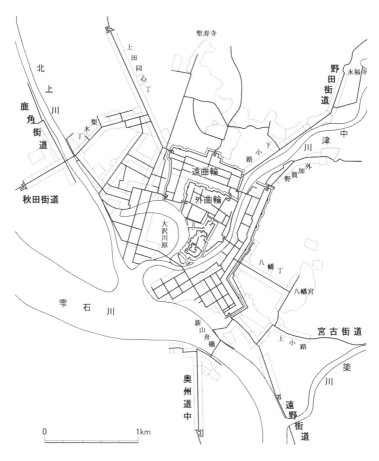

江戸中期の盛岡城下

城下町の出入り口を警護させていました。

　八幡宮が遷座されたのは延宝7（1679）年のことで、宝永6（1709）年には八幡宮のお祭りに23町から初めて飾りをつけた華やかな山車(だし)も出るようになり、城下はいっそうにぎやかになっていきました。

盛岡藩の産業

　藩では、広い領内の直轄地(ちょっかつち)の村々から農民の納める年貢米や特産物を集め、大坂や江戸の御用(ごよう)商人を通して売りさばいてお金に換えました。**南部馬**や三陸の海産物、さらには領内の鉱山から掘り出された金・銅・鉄などの鉱産物などに課税し、大きな収入源としていました。また紫根染(こんぞめ)も盛岡特産として江戸や上方などへ運ばれていきました。馬と銅について詳しく見てみましょう。

　陸奥は古代から優良馬の産地として全国的に知られていました。中世には糠部に一戸から九戸までと東西南北の四門(かど)の地名がつけられるなど、広域的に牧(まき)の経営がおこなわれていました。また三陸地方でも三戸から釜石まで63か所の牧が記録されています。

　この伝統を受け継ぎ、盛岡藩でも牧を設け、良質の馬を産出することに力を注ぎました。藩直営の9か所の牧に放牧された野馬(のま)は、文政4（1821）年の1668頭をピークに、おおむね1000頭のペースで飼育されています（『九ケ所御野馬員数増減年表』もりおか歴史文化館蔵による）。

　優良な馬の保護のために、馬を上・中・下にランク分けし、「上」と「中」の馬を他領

◆チャグチャグ馬コ◆

　滝沢市鵜飼にある蒼前神社から盛岡市の八幡宮まで約15kmもの道のりを、100頭ほどの馬と若い女性やかわいい幼児の乗り手が行進するお祭りです。

　この行事は例年6月におこなわれ、飾りがたくさんつけられて、あでやかな装束の馬が歩くたびに、鈴が「チャグチャグ」と鳴るのが有名です。この鈴の音が「チャグチャグ馬コ」の由来といわれています。南部曲がり家とともに、盛岡地方の愛馬精神の表れが今に残る伝統のひとつです。

　昭和53（1978）年には国の「記録作成等の措置を講ずべき無形の民俗文化財」に選定され、さらに平成8（1996）年には、馬の鈴の音が環境省の「残したい日本の音風景百選」に認定されています。

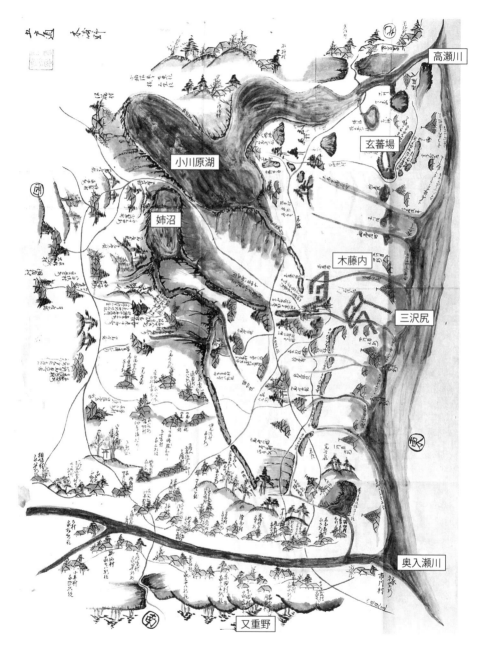

盛岡藩の藩牧（木崎牧）（『九牧図』のうち「木崎牧図」）
　盛岡藩では9牧を経営し、木崎牧は最大の牧でした。文政4（1821）年のピーク時には884頭が飼育され、9牧全体の半数を占めていました。奥入瀬川から小川原湖までの広大な野山での放牧がおこなわれ、そのため野馬と呼ばれていました。（□の地名は著者挿入）

に出さないようにするなど厳重な管理をしていたので、南部馬の評判はさらに全国的に高まっていきました。幕府による馬の買い上げや他藩の種馬としての需要があり、馬産は藩の重要な収入になっていました。

また**金山**とそれに続く鉱業も大きな産業でした。金は江戸初期には産出量も多く、藩財政にとっても重要な財源でしたが、しだいに産出量が減り、代わって銅の産出が増えてきます。鹿角郡毛馬内の白根金山も慶長3（1598）年の金山操業開始から71年後の寛文9（1669）年には産銅を始め、銅山主体となっていきます。尾去沢鉱山は鹿角郡花輪の鉱山群で、白根鉱山に次ぐ産出量をもち、幕末には最大の銅山となっています。

鉱山の経営は商人にゆだね、藩は坑道ごとに生産額の1割を運上金として徴収していました。これも藩の大きな収入源となっていました。

なお、隣藩の秋田（久保田）藩のように、杉の植林を奨励し、大きな産業に育て上げるといった、藩として産業を育てる殖産事業には盛岡藩はあまり熱心ではありませんでした。ヤマセ（P.73参照）の影響などから凶作に見舞われることが多かった盛岡藩にとって、米づくりに代わる農産物などの育成は重要な施策として取り上げられてもよかったのではないでしょうか。

盛岡藩の財政

こうして得た藩の収入で、藩主の生活を営み、1年おきの参勤交代での上り下りにかかる費用、さらに江戸の麻布にある南部家上屋敷などの生活費もまかないましたが、その経費は莫大なものでした。江戸から遠い東北の外様大名にとってはこの負担は大きく、藩の全収入の多くが江戸屋敷の生活費と参勤交代の経費だったといわれています。

幕府から藩に課せられた負担には、**手伝い普請**などの費用もありました。たとえば宝永4（1707）年の富士山噴火のときには2000両の災害見舞金が割り当てられ、また大井川の改修工事のために家老から藩士や人夫に至るまで250人が工事にあたり、その費用2万両も負担させられました。宝暦4（1754）年の日光本坊の修理には450人が現地におもむき、経費は7万両余りにも達しています。平均すると15年に1度のわりで多額の上納金を納めていました。

これらの経費を工面するため、藩では家臣たちから借り上げ（前借り）の名目で集められました。武士の家計が苦しくなると、藩内の商人、大網主からも御用金を集めて幕府に納めていました。それは返されたことがありませんでした。藩主も倹約に努め、藩政改革の試みもなされたのですが、その後の藩の財政は苦しくなるばかりでした。

盛岡藩士の収入

　家臣の収入にはふたつのタイプがありました。ひとつは身分の高い藩士に多い**地方知行**といって、100石とか500石分の土地をもらいます。そこの農民からの年貢米が藩士の収入になるのです。

　ふたつ目は蔵米取りと呼ばれるタイプで、土地ではなく藩の米蔵から現米をもらうのです。藩士は家で食べる分以外の米を売って現金化していました。

　戦国時代までは戦いで活躍すれば恩賞（ほうび）として知行を増やしてもらえたのですが、江戸時代になると平和が続き、収入はなかなか増えませんでした。むしろ支出が増え、さらには藩からの借上金などで家計が赤字になって苦しむ家臣がほとんどでした。

　盛岡城下に住む家臣とは別に藩内各地には**給人**と呼ばれる家臣がいました。由緒のある給人は盛岡藩成立以前から土豪や地侍、たとえば九戸合戦の九戸側の武士などが地方に居住し、給人化したものです。花巻にも多くの給人がいますが、江戸初期の花巻城代北信愛や南部政直の家臣団が居住し、のちに給人化しています。武士以外で藩への献金などで給人身分を与えられた場合もあります。

　半農または半商として自活して自己の所有地から現米で得る地方と、金銭で俸禄を得る金方とがありました。新田開発、分家などで増え、給人総数は幕末で1099人に達していました。

第5章 暮らしと文化、社会の動揺

石造十六羅漢
（市指定有形文化財　らかん公園）

1 藩士と領民の暮らし

藩士の暮らし

江戸時代の武士は、藩主を頂点とし、同心、足軽まで、生まれた時からきびしい身分制度にほとんど縛られていました。父から子、孫へと、その身分や石高（俸禄）などの家格は受け継がれていったのです。

盛岡藩では高知衆（藩主一門や格の高い家臣たち）を筆頭に、家柄や石高によって藩士のなかでも階層が分かれていました。また盛岡城下に住む藩士は城下支配、領内各地に住む藩士は**給人**とされていましたが、給人から城下支配の家臣になることはほとんどありませんでした。

合戦のない江戸時代の武士は、さながら現代の公務員のようでした。現代と大きく異なるのは、町人や百姓より上の身分に固定して位置づけられていたことと、領民のためよりも、藩や藩士のために仕事をする意識が強かったことです。

藩士のなかには仕事の功績が認められて石高が上がることもありました。反対に不始末をすると身帯取り上げといって、藩士身分を剥奪されることもありました。江戸時代前

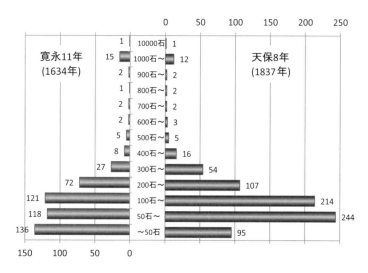

盛岡藩士の石高構成

藩士の石高を記録した『支配帳』には、寛永11（1634）年には510名、天保8（1837）年には757名の藩士（領内各地の給人を除く）が記録されています。江戸時代前期と後期では特に50〜200石の藩士が増加していることがわかります。

期と後期の藩士の石高を比較してみると、500石以上の藩士はほとんど変動ありませんが、それ以下は、新しく登用された藩士や没落する藩士がいて、大きく変わっています。固定した身分とはいえ、藩士の家を長く維持することは大変なことでした。

　武士の暮らしも決して豊かではなく、藩の財政が苦しくなってくると、俸禄を事実上半減されたりすることも少なくありませんでした。また、藩士に対して質素倹約を強く求める触書をたびたび出していました。自宅で野菜などをつくることも一般的でした。

　食事は、一汁一菜か二菜が基本であり、この頃は男女が別々に食事をするのが普通であり、家族が一堂で夕食をとる、などということはほとんどありませんでした。

　そのような状況のなかでも、のちに「武士道」と呼ばれる高い倫理観と誇りを大事にしていました。儒教の影響によって忠義や礼節が尊ばれ、武士社会の規範のひとつになっていたのです。「武士は食わねど高楊枝」という言葉は、武士の誇りと現実とのギャップをよくいい表しています。

領民の暮らし

　江戸時代の武士がきびしい身分社会にあったことを書きましたが、社会全体では上位の武士と、その下の町人や百姓とのふたつに大きく分かれていました。

　町人は都市部に住む商人や職人を指しました。盛岡城下には、多くの商人や職人たちが全国から集まってきていました。商人たちの町は、出身地からとった名前がつけられることが多かったようです。たとえば、三戸町、久慈町、岩手町（現在の材木町）、津軽町（現在の津志田）、仙北町などです。

　同じ職業の人たちが集まって住んでいるところでは、その職業名が町名になっていました。肴町、紺屋町、呉服町、大工町、材木町などの町名から、当時そこに住んでいた人々の職業が浮かんできます。

　商人のなかにはしだいに財力をたくわえ、経済的には武士よりも豊かになっていった者も多くいました。特に近江（今の滋賀県）出身者が有力な商人に成長しています。そういった商人たちも藩への多額の上納金を負担させられていました。

　その頃店や工房で働く人たちは、主人や棟梁の指導を受けながら、少しずつ能力を高めて、やがては自分が独立することを夢見て働いていました。休みは年に数日程度で、朝から晩まで働かされ、彼らもまたきびしい生活を送っていたのです。

　農村部に住む農民や商人、職人は**百姓**と呼ばれていました。多くが農民や漁民でしたが、そればかりではなく、商売をする人や鍛冶屋などの職人も百姓でした。

この頃の農民は、全国的には「五公五民」や「四公六民」といって、収穫した米のおよそ半分を年貢として納めなければなりませんでした。盛岡城下の近郊農村部では石高の平均38.2％もの年貢がかけられていました。領内平均の29.1％よりもかなり高い税率でした（天和2年（1682）年、『邦内貢賦記』による）。農民たちは「カテ飯」といわれる、米にムギやアワ、ヒエ、ダイコンなどをまぜた（カテた）ものを日常的に食べていました。

　農民の暮らしは自由に職業を選んだり、住むところを変えたりすることや、食べ物や飲み物の種類など、生活のすみずみまで厳しく制限されていたのです。

　また、当時は「**五人組**」という制度を設け、近所の5軒ほどをひとつのまとまりとし、キリシタンの摘発や防犯対策、年貢の徴収などにあたらせました。連帯責任を負わせたこの組織によって、農民たちは相互に監視しあい、がんじがらめにされていたのでした。

寺院と神社

　江戸時代は幕府によってキリスト教が禁止されていました。幕藩体制を守るための重要な政策のひとつだったのです。それを守らせるために、寺院には重要な役割がありました。領民は、檀那寺（自分たちの墓を置く寺）を持つことを強制されました。それを拒否することは、キリスト教徒であると見なされるため、人々は寺院によってある意味管理されていたといえます。寺院は、人々の心のよりどころでもあり、先祖を供養する場、キリスト教禁止を守らせる場、学問を学ぶ場（寺子屋）などいろいろな役目をもっていたのです。

　盛岡城下には江戸後期に57か寺（『篤焉家訓』による）がありました。永福寺（真言宗）、聖寿寺（臨済宗）、東禅寺（臨済宗）、報恩寺（曹洞宗）、教浄寺（時宗）は盛岡五箇寺（五山）として、藩の厚い庇護を受けていました。聖寿寺と東禅寺には盛岡藩主歴代の墓も置かれていました。

　また、盛岡藩では武芸の神様といわれる「八幡さま」を信じており、延宝7（1679）年に八幡宮を建て信仰を広く城下に広めようと考えておりました。翌年には参道を造るとともに**八幡宮**の周辺を「八幡町」と名づけ、門前町として整備しました。しだいに飲食店が建ち並ぶようになり、やがて八幡町は藩内随一のにぎわいをみせる街になっていったのです。

　その後始まった八幡様のお祭りには、城下の町からこぞって山車が繰り出されるようになり、盛岡を代表する祭りになっていきました。

2 盛岡藩の教育

学問と文化

江戸時代の初めの頃、盛岡藩の教養や学問の向上に大きな影響を与えた人物に、幕府からの咎めを受けて盛岡藩に預けられた**栗山大膳**と**方長老**という2人がいました。

栗山大膳利章は福岡藩の家老でしたが、黒田騒動の罪により盛岡藩へ預けられました。その際に福岡藩初代藩主黒田如水（官兵衛）所用の「銀白檀塗合子形兜」を持参し、のちに子孫が南部家に献上しています。大膳はその学徳で盛岡藩士に大きな影響を与え、遠州流の茶風を伝えています。

方長老は規伯玄方という臨済宗の僧侶で、対馬藩で朝鮮との外交を担っていましたが、国書改竄の罪で盛岡藩に預けられた人物です。盛岡での23年間に和漢の学問や文化を教え、黄精（アマドコロを用いた漢方薬）や清酒の製法など伝えたとされます。

5代将軍綱吉の時代、隠居の南部重信と次の5代藩主行信、その子実信の3人は綱吉からじきじきに「易経」（中国の古典本）の講義を聴く機会があり、盛岡藩も当時の**儒学**奨励の波に乗り、儒学が盛んになりました。ところが、6代藩主信恩・7代利幹の元禄から享保の頃に、儒学者が政治から遠ざけられるようになり、藩内の教育はふるわなくなりました。

再び藩内で本格的に儒学教育がおこなわれるようになったのは、文化2（1805）年に下田三蔵が日影門外小路の稽古場で武芸の稽古とともに中国の古典の講義を始めてからでした。

銀白檀塗合子形兜

寺子屋での教育

教育の大切さは昔も今も変わりません。でも、江戸時代は、庶民と藩士の子どもに対する教育は区別されていました。

庶民の子どもの教育は、主に**寺子屋**でおこなわれました。寺子屋は、今の学習塾のような民間の教育機関であり、最初にできたのは17世紀の中頃でした。その後、しだいに城下に普及していきました。

寺子屋で子どもたちの教育にあたっていたのは、僧侶や神官、医師、町人、町役人、武士などの人たちで、最初の頃は本業の合間におこなっていました。やがて、江戸末期になると専門に寺子屋を開く人たちも出てきました。男女共学でしたが、通っていたのは大部分が男子でした。女師匠(おんなししょう)の寺子屋もあり、そこには女子も数多く通っていました。

　寺子屋に入門する子どもたちの年齢は7、8歳が多く、13、14歳まで通っていたようです。朝8時頃から午後4時頃まで、「読み・書き・そろばん」の3科目を中心に、さらに作文や礼儀作法も教えていました。

　紙が貴重だった時代ですから、紙に文字を書くのは清書のときだけで、それ以外は板の上に書いて練習したり、お盆に灰を入れ箸で灰に字を書く灰書きをしていたところもありました。読書用の教科書には「往来物(おうらいもの)」と呼ばれる本が用いられていました。

　盛岡の城下では、幕末の頃には22校の寺子屋に1500人ぐらいの子どもたちが通い、町人の子どものうち4分の1くらいが通学していました。こうした教育が、明治時代以降の学校教育の基礎となりました。

　子どもを将来職人にしようと考えていた家では、寺子屋に2、3年通わせると、鍛冶屋(かじや)、桶屋(おけや)、大工などの職人たちに技術を教えてもらおうと職人の家に**徒弟奉公**(とていぼうこう)に出しました。徒弟奉公の間は給料ももらえずに働かされ、休日は年に2回の藪入り(やぶいり)(正月16日と7月16日)だけでした。きびしい生活をへて奉公が終わると、やっと一人前として認められ、独立することができたのです。

　商家では**丁稚奉公**(でっちぼうこう)という習慣もありました。やはり徒弟奉公と同様にきびしく、給料なしで一日中働かされました。徒弟奉公と同じく休みは1年間に2日だけ。昼のうちは忙しく働かされ、夜は夜でそろばんや読み書きなどの勉強もさせられたのです。商店のなかには丁稚(でっち)に対して家訓(かくん)をつくり、しつけまでしっかりとおこなっていたところもありました。このようにしてきたえられた丁稚は、やがて手代、番頭と進み、一人前と認められると、主人からのれん分けといって新しく店を持たせてもらえたのでした。

藩校の設立

　天保11(1840)年8月1日、13代藩主利済(としただ)は稽古場に「**明義堂**」という校名をつけ藩校としてスタートさせました。中心となったのは、その頃京都から来ていた儒学者であり医師でもあった新宮涼庭(しんぐうりょうてい)でした。涼庭が藩主利済に、人材養成のためには藩校の設立が重要であることを勧めたおかげで、開校が実現したのです。

　安政元(1854)年には、それまであった文芸・武芸に医学を加え、藩校教育の科目

は3科目となりました。校舎は日影門から下小路薬園（現在の盛岡市中央公民館）に移転しました。

その後、慶応元（1865）年4月1日に校名を「明義堂」から「作人館」と改めました。新しい時代に対応できる人材の育成をめざし、文学部として修文所、武芸部として昭武所、医学部として医学所がつくられました。

藩校作人館扁額（市指定有形文化財）
現在仁王小学校に引き継がれ、盛岡の教育のシンボルとなっています。

藩校の整備に力を入れたのは教授であった**江帾五郎**（のちの那珂梧楼）でした。彼は、藩校で主流だった儒学は国学と異なるものではないと考え、「和漢一致」の教育に努力したのでした。

那珂梧楼はその後、明治維新における戦争の責任を問われ長い謹慎生活を強いられましたが、許され社会に戻ると、明治維新の中心人物である木戸孝允の推薦もあり、文部省（現在の文部科学省）に入りました。そこでは師範学校の教科書をつくる仕事をしました。

明治5（1872）年8月に、政府によって学制が定められたことにより藩校「作人館」は廃止され、その幕を閉じることになりました。その作人館のあとに、新しい学制による第一番小学校として今の仁王小学校が開校しました。

洋学教育の始まり

明義堂の開設にたずさわった新宮涼庭は京都に戻るとき、蘭学（西洋から伝わった学問）を学ばせようと盛岡藩から2人の医学生を連れて行きました。そのひとりが、藩校「明義堂」の医学助教だった**八角高遠**でした。

高遠は西洋医学の知識を藩校で教えようとがんばりましたが、当時藩校で力をもっていた漢方医学の教授たちの反感を買い、ついには辞めさせられてしまいました。盛岡藩における西洋医学の重要性を強く感じていた高遠は、いつの日か洋学校を建てようと決意したのでした。

時を同じくして蘭学を学ぶために江戸や長崎で学んでいたのが**大島高任**です。高任は、盛岡藩の蘭学医の長男として、文政9（1826）年に生まれました。17歳から23歳まで江戸と長崎で医学を学び、そのうち採鉱・製鉄などの新しい科学技術を習得し、水戸藩などで活躍したのち、盛岡藩に戻りました。

　この頃、日本国内では外国船の来航がひんぱんになり、海防に対する意識が高まっていました。各藩では、大型の船や大砲の鋳造に力を入れ始めました。ところが、砂鉄を原料とし、たたら製法と呼ばれる方法で造られた鉄は、大砲にすると亀裂が入りやすく不向きでした。強い鉄をつくるためには西洋型の強い火力を持つ反射炉を使った近代型の製鉄方法が求められていたのです。

　高任は、安政4（1857）年には釜石の大橋鉱山で、日本で初めての洋式溶鉱炉を築きました。そして、大砲の鋳造に必要な鉄をつくろうと苦心し、ついに12月1日、磁鉄鉱から銑鉄を生産することに成功しました。

　これはわが国の近代製鉄業の記念すべき日となり、今では12月1日は鉄の記念日となっています。良質な鉄鉱石、豊富な森林の木材、水流など、鉄づくりに必要な環境に恵まれていた釜石地区は、溶鉱炉による鉄の生産では日本の先進地となりました。こうした功績により、高任は「近代製鉄の父」と呼ばれているのです。

　洋学の知識や技術を用いた鉱山開発や製鉄などの事業を成功させていけばいくほど、高任も新しく洋学校を設立する必要性を強く感じていくのでした。

◆吉田松陰と岩手◆

　長州藩の教育者でのちに明治維新の功労者を数多く輩出した**松下村塾**の指導者吉田松陰は、東北を旅していた嘉永5（1852）年3月に盛岡に着いたとき、岩手の馬産地ぶりとそれによって藩だけが利益を得ていることについて次のように記しています。「南部の地、多く良馬を産し天下に名あり。しかしてその利は多く官にありて民にあらず」と。南部馬の取引による利益が庶民にまでまわっていないことに対する怒りが表れていますね。

　その後、吉田松陰は木戸孝允を通じて、盛岡藩出身の那珂梧楼を新政府の役人として推薦するなど、彼と岩手県との交流は思いのほか深いものがあります。

日新堂の開設

　高遠と高任を中心とする22名の同志が洋学校を設立しようと誓ったのは、文久元（1861）年4月のことでした。それからは、洋学校の設立のために走りまわり、8月には盛岡藩に新しい洋学校「日新堂」をつくるために、町はずれの土地を1万坪借りたいという請願書を出しました。

　藩の財政が苦しいのは物産が乏しいからであり、だからこそ物産開発と医学研究を柱とした洋学校を設立したいというのが彼らの願いだったのです。

　翌年の文久2（1862）年には、高任は命令により箱館（現在は函館）奉行の配下となって、北方警備の視察や蝦夷地奥地の調査に出かけ、北方のロシアの南下政策の様子を肌で感じました。翌年、盛岡に戻ったときには藩政改革意見書を提出し、そのなかで、海外貿易の推進、北方警備のための富国強兵策の充実促進、人材育成のための学校の設立の必要性など、教育や軍備、産業振興、金融政策などの多方面にわたり多くの提案をおこないました。

日新堂旧蔵のドン日時計
　正午にレンズを通して太陽光で、大砲の火薬に点火する仕組みの日時計。実際に使用された痕跡はなく、国内でも数少ない日時計として大事にされていました。

　そこでは、身分制度の枠を超えた義務教育の必要性や徴兵制について触れられていました。それは後年、明治新政府が立てた政治の基本方針と同じ方向をもつものでした。

　この意見書に15代藩主の利剛は大きく心を動かされ、その後、城下のはずれに1万坪の土地を貸すことを許し、学校設立のための建材や助成金を交付することを認めました。東中野村新山館に「日新堂」が建てられたのは、それから間もなくのことでした。

　この学校の特色は、英語・オランダ語の原書を用いて化学や医学を教えたことでした。洋書講読、砲術、医学、薬学、物理、科学、英語など、時代の最先端を教育しようとする講師陣の熱い思いを感じる科目です。高任たちは、英（イギリス）・仏（フランス）・独（ドイツ）の語学学習と、それをもとにした研究を学ぶことによって西洋の科学知識を広めようとしたのでした。

　八角高遠は医学教育を担う教官として力を尽くしました。それまで上田新小路で栽培

していた薬草園を日新堂内に移し、一般家庭向けの薬の製造と販売を計画しました。医薬品の販売による収益は、日新堂の運営費にあてられました。さらに、当時は死に至る病であった天然痘(てんねんとう)の予防に努めるなど、岩手の医学の発展のために高遠は大きな足跡を残しました。

　洋式高炉の高任と医学教育の高遠。彼らの熱意は藩を越え、遠く八戸藩からも入学希望者が現れるようになりました。ところが残念なことに、そんな日新堂の成功も長くは続きませんでした。

　日新堂も作人館と同様に、明治維新の教育制度の大改革である学制の発布(はっぷ)により廃止されてしまいました。しかし、彼らがともした盛岡藩の洋学教育の灯は消えることはありませんでした。

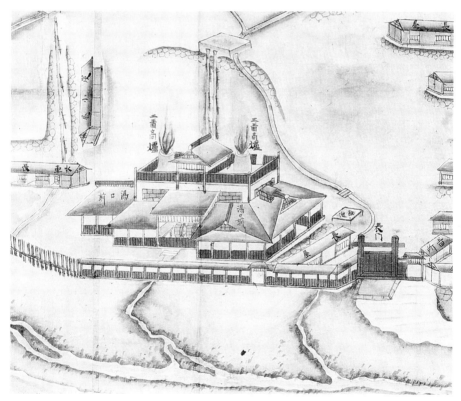

大橋製鉄所絵図（部分）
　安政4（1857）年、日本で初めて成功した洋式溶鉱炉。レンガで造られた太い煙突のような炉で鉄がつくられました。翌年には橋野高炉が築かれた。従業員は1000人を超えたといいます。

3 災害と飢饉

藩財政の危機

江戸時代も半ば頃になると、盛岡藩の繁栄を支えていた各地の金山は掘り尽くされ、産出量はどんどん減っていきました。やがて、白根（のちの小真木）、尾去沢などの金山は銅山へと変わっていきます。

さらに戦のない平和な時代が続き、藩の財政の一部を支えていた馬も売れなくなっていきました。馬産地として有名だった盛岡藩にとっては大きな痛手となりました。

大火

「火事とケンカは江戸の華」といわれたように、多くの人や家が集まる江戸では、よく大火が起こりました。盛岡藩の江戸屋敷も大火により、被害をひんぱんに受けていました。

盛岡も同じでした。武家屋敷や町家だけでなく寺院や神社も、かやぶきや杉皮ぶきでしたから、いったん火事が起こると手がつけられませんでした。ことに、春先の乾燥した西風が強く吹きつける頃には、享保14（1729）年など盛岡の城下ではたびたび大火が発生しました。なかでも安永7（1778）年の大火のときには、武家屋敷や町家、寺院など合わせて2426軒もの家屋が燃え、大きな被害が出ました。

こうした大火に対して、盛岡藩でも手をこまねいて見ていたわけではありません。元文5（1740）年に金沢藩（今の石川県）の前田家から盛岡藩の南部家に輿入れ（嫁入り）があったとき、その行列に火消し専門の鳶職人がいました。そこで盛岡藩でも早速火消し役を任命し、藩お抱えの御用鳶の制度をつくったのです。

その後、寛政10（1798）年、城下の鳶たちを中心に「いろは組」（30

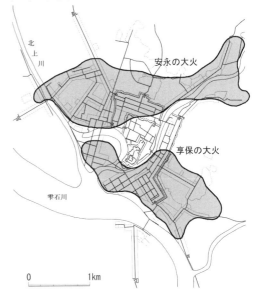

安永・享保の大火の範囲

人）をつくりました。1813（文化10）年には、城下23町の火消し組を8組編成したおよそ1000人にのぼる消防組織が生まれました。この消防組織は、形を変えながら消防団として現代まで続いています。盛岡市紺屋町にある火の見櫓は大正2（1913）年に建てられたものですが、南部火消しの心意気を今に伝えている建物といえるでしょう。

こうした城下町の消防体制以外に、豪商たちの家々では自分たちで防火に努めていました。新穀町にあった**旧中村家（糸治）**（国の重要文化財）や**木津屋池野藤兵衛家**（県の有形文化財）などでは、火の用心の心構えが代々伝えられ、防火用具も準備されていました。

旧中村家住宅主屋の「うだつ」（国指定重要文化財）
盛岡市中央公民館内に移築された中村家住宅。隣家との間の防火壁です。これを造るには相当の財力を必要とし、しだいにそのうだつを誇示するようになっていきました。「うだつがあがらない」の語源。

洪水や噴火

自然災害も、盛岡藩を苦しめました。江戸時代は災害を防ぐための知識や技術が不十分だったので、大変な苦労を強いられました。北上川、中津川、雫石川の3つの川の合流地点をもつ盛岡の城下は、洪水の多発する地帯でした。築城の際には洪水によって何度も工事が中断させられました。

江戸時代を通じて40回ほどの大洪水がありました。満足な護岸工事などはまだできていなかったので、北上川では夕顔瀬橋が、中津川では上の橋、中の橋、下の橋の**中津川三橋**がしばしば流されました。寛文10（1670）年の大洪水では、夕顔瀬橋も中津川三橋も流され、多くの人家が被害を受けました。特に川沿いの地域は、水害の多発地帯で何度も大きな被害にあっていました。

盛岡付近の水害が根本的に解決されたのは、昭和も戦後になって、四十四田ダムや御所ダム、綱取ダムなどが建設されてからのことです。

さらにこの時代には、岩手山の噴火が人々を驚かせました。岩手山は数度の噴火を起こしましたが、なかでも大きかったのは、貞享3（1686）年と享保16（1731）年から翌年にかけての噴火でした。盛岡の城下にまで火山灰が降りそそぎ、昼も夜も地震が続きました。岩手山の東側（現在の八幡平市西根方面）に流れ出た大量の溶岩は焼走りと名づけられ、そのときの噴火のすさまじさを現代に伝えています。

四大飢饉(ききん)

　飢饉も人々に大きな被害を与えました。もともと盛岡は寒冷の土地柄であり、「**ヤマセ**」の影響が強い年には作物がとれず、農民たちの生活はとてもきびしいものでした。

　「ヤマセ」とは、農作物の生長にとって大事な時期である6月から7月頃にかけて三陸の沿岸に吹く、冷たい北東の季節風です。ヤマセが吹き続く年には、連日霧雨のような天候が続き、日照不足となり、多くの作物は生育が不良になります。なかでも大きな被害を受けるのは米づくりです。稲の生長には、一定以上の日照と温度が欠かせないからです。

　特に、元禄8(1695)年、宝暦5(1755)年、天明3(1783)年、天保3(1832)年の米づくりは大凶作となりました。大きな被害が出たので、のちに**四大飢饉**と呼ばれるようになりました。

　最初の大飢饉に見舞われた頃、江戸では多くの文化が花開く元禄時代を迎えていました。5代将軍徳川綱吉の時代です。「水戸黄門」で有名な水戸藩主徳川光圀(みつくに)が『大日本史』を整理・編集したり、井原西鶴(いはらさいかく)や近松門左衛門(ちかまつもんざえもん)らが浮世草子(うきよぞうし)や歌舞伎(かぶき)の脚本を書き、松尾芭蕉(まつおばしょう)が『奥の細道』を著したりしました。まさに、江戸時代前半の文化の隆盛期だったのです。ところが盛岡藩では、この元禄時代の16年間のうち、12年も不作や凶作に悩まされていたのです。

　元禄8(1695)年の**元禄の大飢饉**のときには、夏の土用の頃(7月頃)に霜が降(お)りて北風が強く、はだ寒い日が続くという典型的な冷害の年でした。

　宝暦5(1755)年の**宝暦の大飢饉**のときにも、6月から長雨が続き、夏に入っても気温が上がらないという冷害の年でしたが、さらにこのときには、藩の失政も重なって被害を大きくしてしまいました。それは、前年は大豊作だったので、飢饉に備える米をたくわえずに、ほとんどを売り払ってしまっていたからです。その結果、藩内の米が底をついて大飢饉になり、死者が6万人も出たといわれています。となりの仙台藩でも餓死者が3万人を数えたといわれています。

　このときには、材木町の永祥院(えいしょういん)や川原町の円光寺に、救い小屋と呼ばれる避難所を設けました。そこで飢餓に苦しむ人たちに粥(かゆ)をほどこしましたが、1升(しょう)(約1.8ℓ)の水に対して米が8勺(しゃく)(約144g)の薄いものでした。そのため救い小屋でさえ、毎日多くの人々が飢えと寒さのために亡くなっていきました。

　天明3(1783)年に起こった**天明の大飢饉**は全国的に大きな被害が出ました。冷害が数年間も続き、盛岡藩では18万石を超える減収となりました。弘前藩では平年の4割の作柄をも下回り、餓死者は13万人を超え、「人相喰(あいくら)う」といわれる惨状でした。

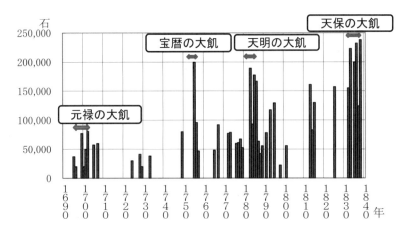

不作による減産石高

　盛岡藩の大飢饉は、元禄・宝暦・天明・天保年間に起こりました。しだいに減産石高が多く、不作の年が長く続くようになり、飢饉は深刻化してきます。
　飢饉と一揆は深い関係があるように考えられていますが、飢饉のときには米問屋などへの打ちこわしが起こりました。一揆は、その要求の多くが悪政に対する集団的要求活動で、特に1800年頃の文化年間から多発するようになります。

　天保3（1832）年から天保9（1838）年にかけて起こった**天保の大飢饉**もまた、全国的な天候不順、冷害が引き金となりました。犬や猫、庭の垣根の縄まで食べたそうです。
　江戸時代の約270年間に、低温、多雨による被害、かんばつや風水害、病虫害などによって引きおこされた凶作や大凶作は、約85回を数えます。ほぼ3年に1度の割合で不作だったのです。特に江戸後期は小氷期と呼ばれるほどの寒冷期にあたり、被害は甚大でした。
　飢饉により多くの死者が出たのは天候不順のせいばかりではありませんでした。当時、盛岡より北の地域は、米づくりには向かない気候とされていました。ところが、「石高制」といって米が経済の基準に考えられていたので、盛岡藩でも米づくりを推し進めざるをえなかったのです。盛岡藩の飢饉は、時代がつくった人為的な災害だったといえるかもしれません。
　盛岡市茶畑の羅漢公園の**十六羅漢**と**五智如来像**は、飢饉による人々の苦しみに心をいためた天然和尚や泰恩和尚たちが中心になってつくったものです。領内外の5万8000人から浄財の喜捨（寄付）をつのり、天保8（1837）年に工事に取りかかりました。石材は紫波郡の飯岡山から切り出して3年がかりで荒削りし、その後、仕上げをして工事に取りかかってから12年後の嘉永2（1849）年に餓死供養の21体の石仏を完成させました。

4 国内外の変化

蝦夷地の警備

江戸時代に幕府の財政を支え、また一方では思想統制をおこなううえで重要であった鎖国（さこく）という政策。ところが、時代が進み幕藩体制がほころびをみせ始めたころ、鎖国をゆるがすような出来事が相次いで起こります。

18世紀後半から19世紀の初めにかけて、**蝦夷地**（えぞち）（今の北海道）、関東、長崎、琉球など、日本の各地に貿易や開国を求める外国船の来航がひんぱんになってきました。

代表的な事件が嘉永6（1853）年のペリーの来航です。黒船と呼ばれた蒸気船4隻で浦賀沖に現れたペリーは、開国を要求するアメリカ大統領の親書を持っていました。この事件は江戸幕府の鎖国という政策の終わり、ひいては江戸幕府そのものの終わりを告げていたのです。

この事件をさかのぼること60年ほど前の寛政4（1792）年9月に、外国船の来航は、すでに盛岡藩に大きな影響を与えていたのです。ロシア使節ラクスマンが漂流者の**大黒屋光太夫**（だいこくやこうだゆう）らを送り届けるとともに、幕府に開港と通商を求めるシベリア総督の手紙を持って根室に入港してきました。鎖国をしていた江戸幕府の老中松平定信（まつだいらさだのぶ）はこれを受け取らず、そのころ外国貿易の窓口であった長崎に向かうように命じたので、ラクスマンはロシアに戻っていきました。

通商の要求をはねつけた幕府は、その後、北方の警備（けいび）を強化するように沿岸諸藩に対して命じました。そのため盛岡藩は、弘前藩とともに蝦夷地の東側へ出兵することになったのです。警備にかかる人数は藩の石高（こくだか）に

安政年間の蝦夷地出兵

寛政5（1793）年～文政5（1822）年の蝦夷地東部への出兵ののち、安政2（1855）年から明治維新まで箱館からモロランまでの警備を命じられました。砂原屯所やヲシャマンベ屯所などは史跡として保存されています。

応じて決められ、盛岡藩からは2000人ほどが割り当てられました。実際には盛岡藩から500人、弘前藩からは280人ほどが蝦夷地に派遣されました。これは、両藩にとって財政的に大きな負担でした。その後も警備のさらなる増強を命じられました。

嘉永6（1853）年には、ロシアからのカラフト・千島の国境を画定するよう要求が出され、ロシアはサハリンから択捉島までも侵害するようになりました。これに脅威を感じた幕府は、久保田・庄内・会津・仙台の諸藩にも出動を命じ、蝦夷地は東北の6藩で警備することになりました。

20万石への加増

こうしたなか、文化5（1808）年12月、盛岡藩主利敬は城主大名から国主大名へと家格が格上げされ、石高も10万石から20万石に加増されました。これを高直しといいます。といっても、米の生産高が増えたわけではありません。いろいろな面で藩の負担が2倍に増えるという、幕府の政治的な格上げであり加増だったのです。

この格上げによって、盛岡藩は警備のための人数が4000人と倍増し、蝦夷地に派遣する人数は最も多いときには1200人にもなりました。さらには領内の北部、下北半島の大畑には200人以上の警備を常駐させ、沿岸部の野田通を中心に、田名部（現在の青森県むつ市）や野田、宮古、大槌、釜石などの港にも500人に及ぶ警備の兵を配置しなければならなくなって、まるで戦争準備体制のようでした。このとき津軽氏も7万石から10万石に格上げされました。

北方および沿岸警備の任務は幕末まで続き、苦しい藩の財政をさらに窮地に追いこん

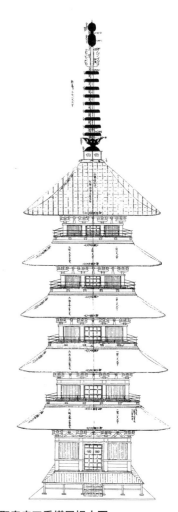

聖寿寺五重塔屋根之図

聖寿寺五重塔は、盛岡藩が20万石に加増されたことを祝い、文化8（1811）年に完成。現在は初層部分だけが残り、千体地蔵堂となっています。

でいきました。鎖国政策という江戸幕府のとった方針のつけが、巡り巡って奥羽の諸藩に大きな影響を与えたのです。

相馬大作事件（そうまだいさく）

高直しとそれにともなう格上げが盛岡藩と津軽（弘前）藩に対しておこなわれましたが、官位は、弘前藩主津軽寧親（つがるやすちか）のほうが南部利敬（としたか）より上位にありました。これを快く思わない盛岡藩士がいました。**相馬大作**（そうまだいさく）こと下斗米秀之進（しもとまいひでのしん）です。

秀之進は盛岡藩内の二戸郡福岡村（現在の二戸市（にのへ））に生まれました。18歳で江戸に出た彼は、最初剣術を学びました。その後、武道とともに学問も学び、世界情勢などについての知識も身につけて福岡に戻り武術を教えていました。しかし、蝦夷地を視察する機会を得てからは、北方警備の重要性を強く感じるようになりました。

警備は盛岡藩と弘前藩の協力によって進められていることを秀之進は知っていたはずです。ところが、文政3（1820）年、藩主利敬が39歳の若さで死んでしまいます。もともと南部氏の分家だった津軽氏の位が南部氏より上になったことなどへの、積もり積もった恨みを利敬は死ぬまでもっていたといわれていました。盛岡藩のことを強く思っていた秀之進は、藩主利敬の無念を思い、弘前藩に対する不満をつのらせました。弘前藩主寧親に対して隠居を勧めるとともに、さもなければ暗殺する、という果たし状まで送りつけました。そしてとうとう文政4（1821）年の4月、秋田藩内で寧親を襲撃しようとしましたが、密告され暗殺は失敗してしまいました。

そのまま盛岡藩内に残ればまわりの多くの人々に迷惑をかけると考えた秀之進は、妻とともに江戸に行き、相馬大作と名を変え道場を開いて暮らしていました。しかし、やがて幕府の役人に捕らえられ獄門（ごくもん）の刑に処されてしまいました。

平和に慣れてしまった江戸の人々はこの話を聞き、藩主思いの秀之進の行動に対して単純に感動し、講談や小説の題材としてもてはやしたので、広く人々の知るところとなりました。

5 民衆の意識の変化

弘化の一揆

　数々の災害は、さらに農民や漁民の生活を苦しめました。災害による被害を受けながらも年貢は納めなければなりませんでした。時にはその時代の政治によってさらに重い税を加えられることさえあり、農民たちの生活は悲惨でした。追いつめられた農民たちは家族の生活と命を守るため、集団で藩に抵抗することを考えました。それが百姓一揆です。

　盛岡藩では、江戸時代後半に約140件の百姓一揆が起こったという記録が残っています。全国で最も多い発生件数でした。盛岡藩の領民たちが藩の政治に強い不満をもっていたことがわかります。和賀・稗貫でも仙台領越境一揆など大規模な一揆が何度も起こりましたが、とりわけ藩に大きな打撃を与えたのが、弘化・嘉永の2度にわたる**三閉伊一揆**でした。

　財政難に苦しんだ盛岡藩は、弘化4（1847）年10月に領内の農民や商人に多額の御用金を差し出すように命じました。飢饉や災害のたびに庶民は生活を脅かされてきたうえに、さらに新たな重い税金をかけてきたのです。領民たち、特に農民の怒りに一気に火がつきました。

　その年の11月17日、県北にある通のひとつ野田通の安家村（現在の下閉伊郡岩泉町）から起こった一揆は、近隣の村々を呑み込むようにして広がり、たちまち1万数千人もの人々にふくれあがりました。野田通と合わせて宮古・大槌通の三閉伊通の農民たちは、藩の役人たちの言うことを聞かず、「だまされるな」と叫びながら、南部家の重臣であり遠野を領する南部（八戸）弥六

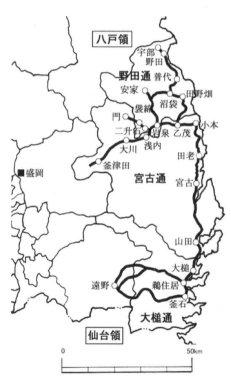

三閉伊一揆（弘化の一揆）の行進路

郎を要求書にまとめて訴え出たのです。大集団の農民が、指導者に従い規律のとれた行動は、遠野領主の心を動かし25か条の要求のうち12か条を受け入れてもらうことができました。

しかし、約束はなかなか実行されず、数年後に農民たちは再び立ち上がることになるのです。

嘉永の一揆

嘉永6（1853）年、江戸では、浦賀に寄港したアメリカ合衆国のペリーが率いる黒船への対応に、上を下への大騒ぎをしていました。

しかし盛岡藩では、財政の悪化はとどまるところを知らず、前の一揆を忘れたかのように、領民たちに税金をかけることで経済の立て直しを図ろうとしたのです。増税・御用金の割当という負担は、不作や凶作にたびたびおそわれていた農民たちの我慢の限度を超えていました。

野田通の田野畑村の農民たちを中心に結集した人々は、再び一揆を起こすことを決意しました。

5月24日いっせいに立ち上がった農民たちは、まず岩泉にある鉱山をおそい、それからどんどん南下していき、宮古・大槌に着いたころには1万6000人を超える大集団になっていました。途中では「遠野に行くのだ」と口々に叫んでいたそうですが、本心は別のところにありました。指導者であった三浦命助・畠山多助らは、もっと驚くようなことを考えていたのです。

住む場所を自由に選ぶことさえできないほどきびしく管理されていた江戸時代に、なんと盛岡藩の政治改革をするために、隣の仙台藩を頼ろうと行動したのでした。当時、仙台藩は陸奥で最大の藩です。力が強いだけではなく、凶作の年には年貢を軽くするなど領民のことを考えていた仙台藩の力を借りて、盛岡藩の藩主をより優れた人物に交代させるか、さもなければ自分たちを仙台藩に加えてほしい、それもできないなら幕府が直接支配してほしい、という要求をはじめ49か条もの要求をかかげたのです。

1万人を超える農民たちが、こともあろうに他藩の領内に逃げ込んで保護を求めるという、大事件だったのです。

三浦命助ら指導者が率いた一揆の集団の熱意のある、たくみな作戦は成功しました。これほどの大一揆を起こしたにもかかわらず、処分者も出さずに、自分たちの要求の多くが盛岡藩に受け入れられました。藩主の交代や領地替えはなりませんでしたが、一揆の指導者たちは、ひそかに多くの農民たちからの尊敬を集めたのでした。その後、三浦

命助は藩のうらみを受け、やがて捕らえられて獄死してしまいます。

一揆が伝えるもの

こうした一揆の記録は、いろいろなことを私たちに伝えてくれます。当時の身分制度では上位にいる武士に逆らうこと、下位にいる農民たちが自分たちの要求を出すこと、一揆を起こすことなどは、決して許されることではありませんでした。「天下の大罪」として、本人ばかりでなく近親者にまで罪が及んだのです。

そんな時代に、この盛岡藩にも、苦しさをただひたすら耐えしのぶばかりではなく、強大な権力に対して、時には集団で自分たちの生きる権利を主張する——すなわち人権に目ざめた——人々、そして知恵と勇気をもった新しい指導者がいたのだ、ということを教えてくれているのです。

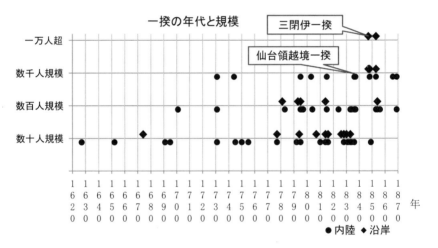

一揆の年代と規模

農民だけではなく漁民、商人、職人など、農村部に住む武士以外の人たちが百姓と呼ばれ、彼らが一揆に加わりました。一揆の要求は過重な税や負担金の減免、過剰な役人の減員や地元負担の軽減などが多く、藩政への不満が動機となっています。飢饉で貧しかったことが一揆の直接の動機ではありませんでした。

盛岡領内で一揆の多かった閉伊、稗貫、和賀郡は民俗芸能が盛んで、多くの石碑が建立された地域でした。民衆文化が活気を誇っていることと民度が高く一揆が多いこととは深く関連していたのです。

第6章 近代から現代へ

明治23年開業の盛岡駅
(『岩手県鉄道沿線名勝図巻』のうち「盛岡停車場図」)

1 明治維新

戊辰戦争

　江戸末期から明治の初めにかけて、日本には大変な動乱が起こりました。幕末に力をつけてきた薩摩（現在の鹿児島県）・長州（現在の山口県）を中心とする討幕派勢力の前に最後の将軍徳川慶喜は政権を朝廷に返し（大政奉還）、約260年も続いた江戸幕府は倒れました。さらに討幕派は天皇中心の政治を進めるため、慶応3（1867）年「王政復古の大号令」を出し、徳川氏に征夷大将軍などの官職と領地の返上を命じたのです。徳川方はそれに反発し新政府軍との間で全国的な大きな戦争が起こしました。明治元（1868）年戊辰の年にちなみ、戊辰戦争と呼ばれています。

　盛岡藩もその動乱に巻きこまれ、東北の25藩、のちに越後（新潟県）6藩の合わせて31の諸藩と奥羽越列藩同盟に加わりました。しかし城内では尊王攘夷論も強く、どちらにつくかということでいろいろな意見が出ましたが、家老楢山佐渡が京都の情勢を見て帰国し、彼の意見により、旧幕府側につくことにしたのです。

　戦いは最初、奥羽越列藩同盟側が有利に動いていましたが、隣の久保田藩（秋田藩）は新政府軍（官軍）側についたので、盛岡藩は秋田の鹿角を経由して大館まで進み、たたかいました。しかし、最新式の大砲など近代兵器を整備した新政府軍には及ばず、明治元（1868）年9月に盛岡藩は降伏します。当時「勝てば官軍　負ければ賊軍よ　命惜むな　国のため」という狂歌が生まれましたが、盛岡藩をはじめ仙台、会津などの東北諸藩はその「賊軍」になってしまったのです。盛岡藩主や藩士たちは官軍の統治下に置かれることになりました。

　戊辰戦争に負けた盛岡藩の藩士たちが盛岡に帰ってみると、盛岡は大変混乱していました。10月になって新政府軍が進駐して、盛岡城を接収してしまったのです。また7万両もの賠償金が科せられました。

　その頃6歳だったのちの国際人**新渡戸稲造**は『幼き日の思い出』という本で「私は故郷の町が降伏した時をよく覚えている。私たちは深い屈辱を覚えた」と書いているほどです。幼かった新渡戸にも、盛岡藩の敗北のみじめさは強く身にしみたのです。

　戊辰戦争が収まると明治新政府は、さまざまな近代的改革を進めました。このときの一連の動きを**明治維新**といいます。

戊辰戦争大館出兵の行路

　奥羽越列藩同盟から離脱した久保田藩を攻めるため、盛岡藩は家老の楢山佐渡・向井蔵人を総大将に、鹿角から新沢口、葛原口、沢尻口、別所口、大葛口の5ルートから進攻しました。途中の扇田村（現大館市）では400戸のほとんどを焼き払うなど、村人たちにも大きな災厄を与えた戦いでした。荷上場村（現能代市二ツ井きみまち阪）まで進みますが、佐賀藩の来援もあって撤退を余儀なくされ、その後降伏しました。

白石へ

　新政府が成立しても、当初は大名を領主とする藩はそのままでした。天皇を中心とする中央集権国家をつくりあげる目的のために、明治2（1869）年、領地（版）と領民（籍）に対する支配権を天皇に返上する**版籍奉還**（はんせきほうかん）がおこなわれました。しかし、これでは不十分だったので、新政府は明治4（1871）年、藩を廃して県を置き、中央から知事を任命するという**廃藩置県**（はいはんちけん）を実施し、地方制度の一新を図りました。

　盛岡藩は諸藩に先んじて明治2年3月に版籍奉還をします。また翌年7月には廃藩を実施し、盛岡県に移行しました。盛岡藩は、版籍奉還も廃藩置県も全国に先がけて行いましたが、新政府からの難題に対する窮余の策であり、新政府の方針に導かれたともいえます。そして明治9（1876）年に現在の県域の岩手県になります。

　この間に、盛岡藩の人たちはいろいろな試練にあいました。そのひとつが新しく盛岡藩主となった南部彦太郎（利恭）（としゆき）の20万石から13万石への**減封**（げんぽう）です。明治元（1868）年12月のことです。さらに翌年6月には白石藩知事に任命されます。白石（現在の宮城県白石市）への**転封**（てんぽう）です。藩主の異動にともなって藩士も移らなければならなくなりました。

　盛岡藩は負けた側なので新政府の命令に従わなければならず、旧藩士たちは、昔な

がらの土地を去るのはつらく、それぞれに後ろ髪を引かれる思いで、見知らぬ白石へと向かったのです。

 1週間ほどかかって、ようやく白石へ着いたものの、白石の旧藩士たちも北海道への異動を命ぜられ、その準備ができておらず、行ったほうも来られたほうも当惑しました。白石の旧藩士たちはやむなく家を半分に分けて、盛岡からやってきた旧藩士の人たちを住まわせてくれ、盛岡の人たちと白石の人たちとは、せまい一軒家に仲良く暮らしました。お互いが賊軍とされ、その苦労をわかっていたからでしょう。

 一方で盛岡への復帰の交渉もおこなわれ、新政府に70万両を献金する条件で、盛岡復帰が許されることになり、7月に盛岡藩知事に改めて任命されました。旧藩士たちやその家族は、また盛岡へ帰れるということで大いに喜び、1か月ほど前に来た道を今度はみな明るい気持ちで盛岡に向かったのです。

 しかし、藩の財政は底をついていて、70万両を納めるためにあらゆる手を尽くしても無理でした。そこで大参事（以前の家老に相当）に就任した**東次郎**は新政府と交渉し、70万両は一部を納めただけで大幅な減額を新政府に認めさせました。

旧藩士たちの苦労

　明治の世の中になって最も苦労したのは、かつて藩士だった人たちでした。武士が上位の身分制度が崩れ、それまで腰にさしていた刀を禁止されたうえに、藩からの俸給もなくなり、経済的に行き詰まる人たちも少なくありませんでした。

 帰農したり、北海道に向かって移住をする人たちが出始めます。いち早く東京に向かい、仕事を探す旧藩士もいました。それまで藩の枠の中に縛られ、他領へ移住することはできませんでしたが、農家の二男、三男なども新しい職を求めて、東京などに出ていきました。都市への人口集中は現在も大きな社会問題ですが、すでに明治初年から始まっていたのです。

 一方で、旧藩士たちには期待をかけた子息たちがいました。彼らに戊辰戦争で負けた悔しさを語り、東京へ出て行くときに励ましたのです。励まされて上京した子息たちのなかから、原敬（のちの首相）や新渡戸稲造（のちの国際連盟事務次長）のように日本を代表する先人たちが続々と輩出されました。旧盛岡藩の青年たちは上京したあと、両親から言われたことをよく頭に入れて、こつこつと勉強に励みました。

 明治10（1877）年、旧藩士の人たちに、ある情報がもたらされました。西郷隆盛らが熊本で起こした西南戦争に対して、兵を集めるようにとの要請が新政府からきたので

す。かつての盛岡藩士たちは、戊辰戦争のとき薩摩の軍に敗れたことが身にしみていたので、またたく間に数百人の旧藩士たちがその呼びかけに応じ、軍を組織して東京に向かいました。しかし、九州で西郷軍は鎮圧され、結局は、何もしないまま、ただ戻ってきたのでした。

明治天皇の巡幸

明治の初めの頃は、まだまだ明治新政府の足並みもそろわず、国民も天皇中心の新しい政治というものがよくわかりませんでした。これを察した新政府は、明治天皇とともに日本各地をまわって新しい政府の威厳を示すことを思い立ちました。明治天皇の**東北巡幸**と呼ばれています。

東北には明治9（1876）年7月と5年後の明治14（1881）年8月にもやってきています。明治9年には東京から函館まで奥州道中を北上し、14年には日本海側をまわり、帰路に盛岡を通り南下しています。

巡幸は、江戸時代の幕藩体制から天皇による統治へ移行したことを国民に浸透させるものでした。盛岡の八幡宮で馬産奨励のため南部馬を観賞し、勧業場で県内の物産品の陳列を見ています。また仁王学校で子どもたちの授業を参観するなどもしています。行在所（宿舎）は盛岡の資産家の**菊池金吾邸**でした。現在の賜松園です。

随行者の記録によれば、盛岡は金持ちも多く家の造りも立派と書かれています。おそらく巡幸に際して体裁を整えたのでしょう。それができなかった郊外などはみすぼらしさの極致のように表現されています。

明治政府の要人である大久保利通や木戸孝允らも加わっており、見聞をもとに東北地方のフロンティアとしての可能性も指摘しています。

「御幸新道」の碑
明治天皇の巡幸を記念して建てられました。

2 近代の歩み

自由の風

東京からは、いろいろな情報・文化・思想が入ってきました。そのなかのひとつに、欧米の思想に学んだ自由民権の考え方がありました。権力を強めてきた政府を批判して、板垣退助が国会の開設を要求しました。高知県や埼玉県では、自由民権の嵐が吹きまくっていることが盛岡にも伝わってきました。

明治10（1877）年の西南戦争で、徴兵制でつくられた政府軍が反抗する西郷軍を破ったことで、武力ではもう明治新政府には勝てないということを士族たちは思い知らされました。それからは言論で明治新政府に意見を申し立て、国民の参政権確立をめざそうという**自由民権運動**が広まりました。それに刺激されて、岩手県でも自由民権をとなえる人たちが現れてきました。盛岡では**鈴木舎定**や**伊東圭介**、**上田農夫**、**鵜飼節郎**らがその中心人物でした。

鈴木は東京のキリスト教会で新知識を勉強していましたが、盛岡に帰ってくると**求我社**から『盛岡新誌』を発行しました。そこに、自由主義や民主主義の論説を載せました。それに鈴木は自由民権思想の実現をめざし、国会開設を訴えたのです。

鈴木は自由民権運動を各地の運動と結んで、全国的にこの運動を広げていきました。彼はこの雑誌ばかりではなく、盛岡市内で演説会もおこない、他県にも遊説して自由民権を呼びかけました。

新聞は幕末から発行され始めましたが、岩手県では明治9（1876）年7月、明治天皇が来県するということで、初めて発刊されました。「巌手新聞誌」という名称です。大きさはＢ４判ほどで、僅か1号で終わり、それから1か月後、「日進新聞」と改題されて発刊されるようになります。この新聞は最初、月3回の発行で、今のような日刊新聞ではありませんでした。この新聞が、今日の「岩手日報」につながるのです。また部数も全県でも1000部に満たない程度でした。それが急激に部数を増やしていくのは、日清戦争と日露戦争のときからで、兵士を送り込んだ盛岡市民もこの2つの戦争の成りゆきを知ろうと、きそって買い求めたのでした。

市制施行

盛岡市は県の中央に位置している県庁所在地ですが、今から400年ほど前に南部信直、利直が築城を始めたことによって、町の形が定まりました。
明治に入って藩が廃止され、明治9（1876）年に現在の岩手県となり

ました。明治22（1889）年4月、市制及び町村制が敷かれたことにより盛岡市となったのです（本県は1市21町219村）。そのときの盛岡市の人口は3万1000人余りでした。このころは面積も狭く、たった4.5km²でした。

範囲は、南岩手郡仙北町、新庄村、東中野村、加賀野村、山岸村、三ツ割村、上田村のそれぞれ一部と、仁王村、志家村の全域です。市役所は盛岡市内丸（現在地）に置かれました。このあと盛岡市は、周辺の町村を合併し、面積を広げていくことになります。

初代市長には27歳の目時敬之が任命されました。当時の市長は、市会の推挙する3名の中から内務大臣が選任することとなっていました。3名を選ぶ市会の投票では米内受政（光政の父）が1位でしたが、当時の岩手県令石井省一郎が自由党嫌いのため、自由党員と思われた米内ではなく、目時を強く推したといわれています。

鉄道と電気

鉄道が日本で最初に開通したのは新橋－横浜間で、明治5（1872）年のことです。その鉄道が盛岡まで通ったのは、18年後の明治23（1890）年11月でした。

鉄道ができることを知った盛岡市民のなかには、鉄道が通ると火事になるとか、泥棒や悪い病気が入ってくるなどと言って、鉄道の開通に反対する人もいたのです。そのため駅は町の中心から西に離れ北上川を渡った川原の上につくられました。駅員はステーションマスターとよばれ、シグナル、ゴー、ストップなど英語が使われたそうです。

それまで盛岡から東京に行くのは徒歩や船便で、1週間から10日余りかかっていましたが、鉄道が開通してからは、たった1日で行けるようになりました。これによって、人の移動ばかりではなく物資の輸送量も飛躍的に増えました。東京などの中央の文化も、格段に早く伝わるようになりました。

電気や**電話**などが通じたのは、明治末のことでした。電気は明治38（1905）年9月、電話は明治41（1908）年1月ですから、まだ100年ほどしかたっていません。

市民は手紙ばかりではなく電話で直接話していろいろな用事を済ませることができるようになりました。電話のおかげで東京や九州、北海道の人ともすぐに連絡がとれるようになったのです。

明治のハイカラ

欧米の文化を取り入れるという文明開化の風は、東京や横浜などだけではありませんでした。岩手にも、盛岡を中心として**学校**や**銀行**、**郵便**、**警察**、**病院**、**新聞**などのいろいろな制度が整い始

めてきました。

　東京の銀座などは洋風の建物が建って、人びとは明治の新しい時代を感じていたようですが、盛岡は依然として江戸時代の名残が至るところにありました。明治の時代になったからといって、急になにもかもが洋風になっていったわけではありません。明治新政府は各県に役人たちを派遣し、いろいろな改革をし始めました。盛岡はそういう他県からくる人たちの風を受けて、ゆっくりと町の様子や人びとの服装などが変わっていったのです。

　かつて上級武士たちが住んでいた内丸には、県庁や裁判所、市役所、中学校などが建ち、県都にふさわしい洋風の木造建物が並ぶようになりました。かつての藩士たちのなかには官吏（公務員）になり、県庁や裁判所などの役所で事務をとる者もいました。ここには、東京をはじめ全国からいち早くいろいろな情報がもたらされ、日本が急速に新しい時代に変わっていくのを感じ取ることができました。

　明治19（1886）年には、河南の大火のあと石井県令邸がレンガ造りの洋風建築としてできあがり、明治43（1910）年には第九十銀行本店本館（現啄木・賢治青春館）、明治44（1911）年には盛岡銀行本店（現岩手銀行赤レンガ館）が赤レンガ造りで建てられ、盛岡の町の中心地は洋風になっていきました。これらの建物は現在も使われながら、文化財や歴史的建造物として保存が図られています。

　しかし、旧城下には江戸時代からのわらぶき屋根の家々が残り、新旧の建物が混在

旧盛岡藩家老北氏の屋敷跡
　家老などが住んでいた屋敷跡（現盛岡地方裁判所）には石割桜が残されています。

旧石井県令邸
　第2代岩手県令石井省一郎が来客の応接などに使った洋館です。

◆盛岡こと始め◆

　盛岡の街には新たな商売が現れます。人力車は派遣されてきた高官たちを乗せて町を走りました。その高官たちの言葉や文化が、しだいに町の人たちにも浸透していきました。

　時代の波を受けて民間からも、新しい事業を興す人が出てきました。牛肉店や牛乳屋、西洋料理店などを始める人が出てきて、市民の食生活もしだいに変わっていきました。

　「べごや」は盛岡の肴町で初めて牛肉を売り出しましたが、近所からは臭いという苦情なども出たそうです。牛乳屋は、牛の産地でもある岩泉出身の人が内丸で始めたのが最初だったようです。西洋料理店の最初は、盛岡の与の字橋のあたりに開店した「丸竹」でした。パン屋は明治18（1885）年頃四ツ家教会でフランス人についてコックをしていた長岡栄助という人が始めました。氷屋は明治9（1876）年7月の明治天皇の巡幸の際に初めてお目見えし、アイスクリーム屋は明治30（1897）年頃盛岡八幡宮の境内の「愛名亭」が売り始めるなど、新しい食べ物が出てきはじめました。

　印刷屋は明治3（1870）年ごろ内丸の「九皐堂」が、理髪店は明治4（1871）年頃生姜町あたりで、本屋は明治5（1872）年ごろ「木津屋」が、洋服屋も明治13（1880）年頃、靴屋は明治20（1887）年頃仁王で、というように、生活に必要なものの店が並ぶようになっていきました。

　明治13（1880）年頃には写真屋もでき、庶民も写真を写すようになっていきました。盛岡では、幕末に長崎で写真術をおさめてきた関という人が、初めて開業したといわれています。

する街並みでした。

教育制度の改革

　明治になって大きく変わったのは、国民がみな教育を受けることになったことです。江戸時代では、藩士の子弟たちは藩校、庶民は寺子屋というように分かれていましたが、明治5（1872）年に「学制」が発布され、小学校への就学義務が定められました。

　それはまた、昔の身分がどうであれ、教育さえ受ければ能力次第で末は博士にも大臣にもなれるというもので、それまで恵まれない生活を強いられてきた人たちに、明る

い希望を与えるものでした。

　まず小学校が建てられました。県内で最初の小学校は、明治6（1873）年春に今の盛岡市中央通に建てられた「第一番小学校」（仁王学校のちに仁王小学校）です。これは旧藩士の藩校だった「作人館」をそのまま利用したものですが、同じ年にできた下の橋に近い「第二番小学校」（盛岡学校、位置を変えて現城南小学校）は、かつての武家の屋敷を利用したものでした。このように、最初の頃の小学校は江戸時代から使っていた建物を利用した急ごしらえの校舎でした。寺を利用することも多かったようです。

　明治6（1873）年の小学校への就学率は、男40％、女15％、平均28％でした。明治18（1885）年には男66％、女32％、平均50％と大きく上昇しましたが、男女間で倍以上の開きが残されていました（文部科学省『学制百年史』による）。

　入学の年齢はまちまちで、6歳の1年生もいれば10歳の1年生もいました。進級する速度も人によって異なり、理解の速い生徒はどんどん進んで、普通は8年かかるものをその半分の4年で、小学校の課程を終える生徒もいました。

　明治13（1880）年春に、県内で初の中学校である公立岩手中学校（のちに盛岡中学校、現在の盛岡第一高等学校）が現在の岩手銀行本店の所にでき、しだいに中等教育も充実していくようになりました。その前年には獣医学舎が建てられ、現在の盛岡農業高等学校に引き継がれていきます。県内の高等学校で一番古い伝統をもっていることになります。

　師範学校は中等教育よりも早く充実していきました。早く学校の先生を育てなければならなかったからです。明治9（1876）年に盛岡師範学校が開校され、現在の岩手大学教育学部の前身となりました。その後、女学校（現在の盛岡白百合学園高等学校や盛岡第二高等学校）もできました。

　明治35（1902）年には**盛岡高等農林学校**（現在の岩手大学農学部）が全国に先駆けて設立され、教育はしだいに充実していきました。盛岡高等農林学校では、ビタミンの発見者・**鈴木梅太郎**が教え、**宮澤賢治**（のちの童話作家）などが学び、全国の学生たちのあこがれの学校でもありました。

岩手大学農学部附属農業教育資料館
（重要文化財　旧盛岡高等農林学校本館）

◆あるストライキ◆

　明治34（1901）年春、盛岡中学校（現在の盛岡第一高等学校）で大きなストライキが起こりました。ストライキは4年生が中心で、なかでも野村長一（胡堂。のちに作家で音楽評論家）が中心でしたが、3年生の石川啄木も加わるというものでした。啄木は、そのときのことをのちに
　　「ストライキ思い出でても今は早や　我が血躍らずひそかに淋し」
と歌っています。
　東京から赴任してきた新しい先生たちが、何年もたたないうちに次々と転任していくのは、古くからいる先生方が若い先生たちを追い出すからだ、古い教師には引退してもらいたいというのが、そのストライキの理由でした。ただし、生徒は授業を休まない、暴力的行動はとらないというものでした。
　生徒たちは討論を重ね、県知事のアドバイスもあって結果的に生徒たちの勝利に終わり、古い先生たちの多くが退職し学校改革が進みました。
　退職した先生のひとり冨田小一郎は、三陸沿岸で漁業を経験したのちに、新設の盛岡市立商業学校校長となりました。
　この明治30年代の盛岡中学校からは、石川や野村のほかに米内光政（海軍大将、首相）、板垣征四郎（陸軍大将）、金田一京助（国語学者、アイヌ語学者）、郷古潔（三菱重工業社長）など社会的に活躍した多くの人たちを輩出しました。

　このように学校が建てられて、県内の学校教育の施設はほぼ整えられたかたちになったといえるでしょう。その後も、盛岡の人たちの学校教育を受けようとする意識は高まる一方でした。

盛岡城跡の公園化

　盛岡城は慶長3（1598）年頃から明治7（1874）年までの270年余りにわたって、城内に建物が建っていました。戊辰戦争のあと陸軍省の所管となり、所管は民間に払い下げられ、明治7年に取り壊されてしまったのです。
　その後30年以上も放置されたので、草木がうっそうと生い茂り、昼でも通るのは気味が悪い状態でした。明治39（1906）年、岩手県により岩手公園として整備されることに

なりました。全国各地の公園づくりにたずさわった東京の長岡安平の設計によるものです。この際に、本来堅固な城を利用しやすい公園にしたため、城跡の石垣などは随所で改変されています。現在は盛岡市の管理となり、盛岡城跡公園とも呼ばれるようになっています。

公園の広場（台所があった場所）では小学校の運動会や記念式典、メーデーなど数えきれないほどの行事や式典などがこれまでおこなわれてきました。江戸時代には城として盛岡藩のシンボルとして、また明治・大正・昭和・平成の時代には都市の中の公園として盛岡市民や県民に広く親しまれています。

災害とたたかう

盛岡は江戸時代もそうでしたが、明治以後もいくつかの大きな災害に見舞われています。なかでも、明治17（1884）年11月の **河南大火** と明治43（1910）年秋の大洪水は甚大な被害をもたらしました。

河南大火は11月4日、中津川の落合近くにある盛岡監獄署から出た火事が、盛岡の都市部にまで広がったものです。西風が激しくだんだん燃え広がり、河南地区をほとんど焼き尽くし、家屋1432戸が焼ける大火になりました。住宅だけでなく6つの神社や10の寺、3つの学校、46の土蔵も焼けてしまいました。

当時の盛岡市街地は6,778戸の世帯でしたから、盛岡の約2割を焼く大火でした。盛岡にそれまで残っていた江戸時代の街並みを壊し、多くの市民が焼けだされて、路頭に迷うことになったのです。これによって、新しい消防組織の必要が高まりました。

また明治43（1910）年秋の **洪水** も、町の機能を考えさせる災害でした。洪水の原因は大雨ですが、その雨を適量に保つ、あるいは流す機能が中津川になかったため起きた洪水だったといえます。この洪水のあと、中津川の土手は洪水に強いものに整備されました。

時の市長 **北田親氏** は、護岸工事に力を入れたのでこれ以後、盛岡では洪水はあっても、橋が流されるな

中津川治水事業を記念した石碑（盛岡市下の橋のたもと）

どという大きな惨事は起こることはありませんでした。これによって、北田市長は「護岸工事の北田」といわれるようになったのです。今でも当時の北田市長の陣頭指揮が偲ばれる石組みが中津川の随所に残っています。

実業家の三田義正も植林による治山治水を図るなど、災害に対して貢献をしています。

大正の風

大正に入ると文化面でも大きな動きが出てきます。まず、大正2(1913)年に盛岡劇場ができます。東北初の近代的な劇場として、歌舞伎、新国劇などのほか音楽会や演芸会などが公演されました。戦時中は閉鎖状態となり、昭和32(1957)年に谷村文化センターとして全面改装されたもののその後閉鎖され、現在は盛岡市立の新盛岡劇場が新築され、盛岡の演劇の中心として活用されています。

大正11(1922)年には岩手県立図書館が開館していますが、その契機をつくったのが、平民宰相として名高い**原 敬**です。その原が県立図書館の新設を進言し、みずから総工費7万5000円（現在の約5億円）のうち1万円を拠出して、念願の県立図書館が開館したのです。

大正4(1915)年秋には、県内初の常設映画館である「紀念館」ができました。昭和2(1927)年には内丸に県公会堂ができ、盛岡劇場などとともに岩手県でも本格的な公演や講演などができる施設がそろってきました。

盛岡市郊外では大正3(1914)年頃に「太田カルテット」という弦楽四重奏団（バイオリン、チェロ、ビオラ）が結成されました。佐々木休次郎や舘澤繁次郎ら4人は中央の演奏家をしばしば招き、練習に励みました。そのため、中央に劣らない技量で演奏することができたといわれています。

彼らはまた、中央から有名な文人を招いて講演会を催しました。芥川龍之介や菊池寛なども盛岡で講演をしています。芥川は昭和2(1927)年6月、盛岡で講演をしたあと東京に帰って翌月の7月24日に自宅で自殺しました。盛岡で彼の講演を聴いた人たちは、新聞で彼の死を知って大変に驚いたといいます。

好景気の波に

明治から大正にかけて、大きな戦争がちょうど10年おきに起こりました。**日清戦争**（1894年）、**日露戦争**（1904年）、**第一次世界大戦**（1914年）です。第一次世界大戦はヨーロッパでの戦争だったので、参戦した日本にとっては土地を荒らされることもなく輸出産業が盛んになり、大

きな利益を得たので「棚からぼたもち」のような勝利でした。こののち日本には好景気が押し寄せてきました。盛岡にもそんな現象が起きています。

　第一次世界大戦中、対戦国のドイツが地中海に戦艦を出して航行を妨害しているため、ヨーロッパからの輸入品、特に化学薬品やダイナマイトなどがほとんど日本に入ってこなくなったのです。そのために産業用のダイナマイトの注文がどっと増え、それを扱う商店は昼夜も休まずダイナマイトを製造し、日本全国の会社の注文を一手に引き受けることになりました。大戦後の全国的な好景気が県内にも影響を及ぼした好例といえるでしょう。

　戦争は多くの犠牲をともなうとともに、このような経済的利益をもたらす面もあります。欧米の帝国列強に伍するための富国強兵策を、軍部をはじめ国民の多くも支持していたことは否めない時代でした。

大通・菜園地区の開発

　現在の大通商店街や菜園のあたりは、明治・大正の頃は水田で、盛岡農学校（今の盛岡農業高校の前身）がひとつあるだけでした。その水田は雨が降るたびに水びたしになり、旧藩主の南部家が近くに所有していた菜園との境がわからなくなることがしばしば起こっていました。南部家が菜園の土地を手放そうとしていることを知った三田義正や池野藤兵衛らの盛岡市内の商人は、昭和2（1927）年、広大な土地を買い取ることにしました。そして南部土地会社を設立して、北上川の川原から土を運んで水田を埋め立て、整地して区画し、市民や県民に分譲しようと計画しました。映画館もところどころに設けて（現在、「映画館通り」の名称がつけられています）、ここを繁華街にしようと考えたのです。この構想はあたって、5、6年ほどで新しい町ができあがりました。

　そのときの苦労話は、盛岡市大通のサンビル向かいにある御田屋清水の一角に「開町之碑」の石碑となって建っています。

大通の「開町之碑」

銀行パニックとたび重なる凶作

大正時代の平穏なときを過ぎて昭和に入った昭和4（1929）年にアメリカのニューヨーク・ウォール街で金融恐慌が起こりました。株式市場の株価が暴落し銀行・工場がつぶれ、失業者があふれ、その混乱が世界中に広がりました。そのあおりを受けて昭和6（1931）年、県内でも銀行パニックが発生します。

盛岡市中の橋の赤レンガの銀行（その頃は盛岡銀行の本店）には、連日市民が押しよせ、銀行から金を引き出

国指定重要文化財　岩手銀行（旧盛岡銀行）旧本店本館
2016年7月から「岩手銀行赤レンガ館」として一般公開されています。

す光景が見られました。当時の岩手日報や県の幹部らは、それぞれに記事や談話を発表し、落ち着いて行動するように進言しましたが、市民の不安の波を押しとどめることはできませんでした。第二次世界大戦が始まると銀行の統廃合が進み、1県1銀行に限られ、苦しい時期を迎えることになりました。

また、昭和の初期は天候にも恵まれず、県内では凶作が続きました。当時は米の品種改良も進んでおらず、稲作もすぐに天候に左右されるという不安定な要素が多く、江戸時代のような凶作になることもたびたびありました。

特に昭和7（1932）年と昭和9（1934）年、昭和10（1935）年の凶作は県内に多大な損害を与えました。なかでも昭和9年の凶作は、7月の長雨低温が8月に入っても続き、稲作の生長がきわめて悪く、9月になっても稲穂が出ないところが多く、大凶作になってしまいました。そのため県内の欠食児童は9000人に及んだといわれています。

その頃の農村の様子を伝えるものとして、粗末な小屋の前で、やせ細った子どもたちが大根をかじっている写真が残されています。そんな光景が盛岡の郊外でも当たり前のように見られました。県内の農村では貧しい農民の子女の身売りの話も伝えられたものでした。

2　近代の歩み

南部馬

　盛岡市上田の岩手県立博物館に行くと、外に**曲がり屋**があります。そのような曲がり屋は、つい20〜30年前まで盛岡市内にも幾つか残っていました。岩手の人たちや、盛岡の人たちが馬と一緒に生活をしてきたことを物語っています。

　岩手県は古代から馬の産地でした。明治新政府は、馬市場に民部省養馬懸出張所を設けて馬市に賦課金をかけたため、県内の馬産農家にとっては大きな負担となりました。そのため県会議長だった上田農夫（うえだのうふ）は明治14（1881）年、産馬会社を設立して**馬検場**（ばけんじょう）を建て、民間による馬産と売買を実現させ、馬産の振興に貢献しました。

　上田はまた馬の改良のため、外来種の馬を積極的に取り入れました。従来の和種（南部馬）中心の馬産から、外来種を入れて雑種中心の馬産へと転換を図ったのです。

　この背景には、当時の社会情勢、特に軍事情勢が大きく影響していました。日本は、明治から大正時代にかけて10年おきに戦争をしており、戦争には軍馬として騎馬や兵隊の物資を運ぶ駄馬が不可欠だったからです。優秀な南部馬は軍馬として高く評価され、馬産の振興と品種改良は岩手県にとっても大きな産業となっていました。

　農家でも農耕馬として、古くから人と一緒に暮らしていました。馬は人の何倍もの働きをする貴重な働き手として、大事にされていたのです。馬町の馬検場で催されるせり市には、良質の馬に買い手が殺到（さっとう）し、ごったがえしたものでした。

　第二次世界大戦後、日本は平和な時代になり、農業の機械化が進み、馬の需要が極端に減ってしまいました。馬検場もなくなり、小岩井農場や岩泉町に行く途中を除いては、県内ではほとんど馬を見かけなくなりました。

　現在、私たちが盛岡で馬を目にする機会は、6月に滝沢市を出発して盛岡市内を行列する伝統的な行事の**チャグチャグ馬コ**ぐらいになってしまいました。

6月恒例のチャグチャグ馬コ （記録作成等の措置を講ずべき無形の民俗文化財）

戦争の拡大

　時あたかも日本国内には政党政治に不満をもつ軍人が台頭してきて、大きな勢力をもつようになっていきました。昭和6（1931）年、軍部は満州事変を起こし、満州国を建国させ、中国東北部（満州）に侵出していきました。さらに昭和12（1937）年、満州から華北に侵入した日本軍によって**日中戦争**へと拡大したのです。県内からも多くの人たちが大陸にかり出されました。

　そればかりではなく日中戦争を拡大させ、ついに昭和16（1941）年にはアメリカとの**太平洋戦争**へと突き進んでいったのです。中国や南方の戦場では多くの県人が亡くなりました。そのような戦場での死ばかりでなく、戦後抑留されてシベリアで亡くなったり行方不明になった人たちも大勢います。彼らの墓を現地へ探しに行く動きは今も続いています。

　戦争にかり出されない人たちも、軍需工場などに中学校の生徒が動員されたりしました。また来るべき日本本土での戦争に備えて、岩手公園広場や小学校などでは、女性や子どもたちが竹槍を手にして訓練に励みました。これらを「銃後の守り」と呼んでいました。

　諸外国との貿易が途絶えたので、しだいに物も不自由になっていきました。紙も生活物資も欠乏していったので、盛岡市内にはよく、我慢して暮らすようにとの旗（「ぜいたくは敵だ」）が出るようになりました。外国で戦っている軍人たちのことを思って、食べるものも食べず、辛抱して毎日の生活を送りました。

　日本軍の戦争の情報は新聞に刻々と伝えられました。それはほとんどうまくいった、勝ったというものばかりで、たとえ負けていても、どうにか五分五分で戦ったという情報でした。そのため、この戦争は勝っているものとばかり思って、大多数の国民には負けているという実感はありませんでした。

　しかし、昭和20（1945）年3月10日に盛岡駅前が**空襲**にあいました。日本のほかの都市が空襲にあっていることは広く知られていましたが、盛岡には来ないだろうと思って人々は安心していました。ところが空襲によって、あっという間に駅前一帯が火の海になってしまったのです。そのため、日本はこの戦争に勝っているのだろうか、実は負けているのではないかと疑い始める市民も出てきました。

　それから5か月ほど経った8月6日の広島、続く9日の長崎への原爆投下で大きなショックを受けた直後の8月15日正午、昭和天皇の玉音放送があり、日本が負けたということが告げられたのです。全国の日本人の多くは大変驚き、悲しみの涙とともに、戦争が終わったことを喜びました。そして「これからアメリカを中心とした連合国の人たちが来て、日本は、そして自分たちはどうなるのだろう」などと、いろいろな不安もわいてきたのです。

3 戦後の復興と繁栄

復興への道　戦争に負け、それまで我が物顔でいた指導者や軍人たちが、まず公職追放されました。戦争を推し進めた、あるいは積極的に協力した人たちです。

盛岡市民も敗戦によって多くの人が茫然自失の状態でしたが、その一方で「もうこれで軍人たちが大きな顔をする時代は終わった」と、新しい民主主義の時代に大きな希望をもつ人たちが増えてきました。

言論の自由とともに禁止されていた労働組合や政治結社も続々と結成されました。日本社会党が発足し、治安維持法で非合法とされていた日本共産党が合法化されたのも、この時期でした。

昭和21（1946）年5月1日には、早くも戦後初のメーデーが盛岡市でもおこなわれました。いろいろな要求を自由に発言できる世の中になったのです。その年の11月3日、**日本国憲法**が公布され、私たちの世の中に平和と民主主義の原理や仕組みが広がっていきました。

この年はまた文芸雑誌や演劇活動、劇団などが続々と結成され、文化活動に明るい兆しが見え始めてきました。

農村部が多い岩手県では最も大きな変革が**農地改革**でした。それまで大地主に占められて、小作農だった農民が自作農になれたのです。自分の農地を持ちたかった人たちは、重い小作料から解放され大喜びしました。これによって、自分で耕した分を全部、自分の収入とすることができるようになったのです。

翌昭和22（1947）年には戦後初の統一地方選挙がおこなわれ、**国分謙吉**が初の民選知事になりました。それまでは政府に任命された知事（官選知事）だったので、県民は国分知事の政策に大きな期待を寄せました。また農場経営者であったことやズーズー弁で話していたことから農民知事と親しまれました。

進む開発　戦後復興の兆しが見え始めたころ、県内を2つの台風がおそいました。昭和22（1947）年9月の**カスリーン（キャサリン）**と翌年9月の**アイオン**の両台風です。盛岡だけでなく、北上川の氾濫で県南の被害は非常に大きなものでした。

2つの台風に見舞われましたが、県民は力強く前向きに戦後を歩み始めていました。このような自然の災害を食いとめようと、国営土地改良事業や北上川総合開発計画が策定され、それにともなって、各河川にダムが造られていきました。

　まず山王海ダム(さんのうかい)（紫波町、滝名川の上流）が昭和27（1952）年にできあがり、翌年には石淵ダム（奥州市、胆沢川の上流）も完成、さらに翌年には田瀬ダム（花巻市、猿ヶ石川の上流）というように、次々と北上川の支流が整備されてきました。

　盛岡市北部の**四十四田ダム**は、昭和43（1968）年に完成し、これによって北上川の水量の調節や水質浄化(じょうか)などもできるようになりました。

　このような北上川本流や支流のダム建設によって、北上川の流域が整備され、それにともなって畑作面積が増加し、収穫量も飛躍的に伸びていきました。県内は確実に豊かにうるおっていったのです。

盛岡市の北部にある四十四田ダム

　昭和25（1950）年、東北農業試験場などもでき、米をはじめとするいろいろな作物品種の改良なども進んでいきました。

　昭和24（1949）年創刊の『農業普及』といった農業関係雑誌も出て、県内の農家の人たちに新しい考え方が広がっていきました。

マスコミと文化施設の充実

　戦後の復興とともに、マスコミ関係が充実し、文化施設も整備されていきました。新聞は、戦前からの歴史をもつ岩手日報に加えて、昭和44（1969）年には盛岡タイムスなどの地域の新聞が創刊されました。

　ラジオ放送は大正14（1925）年に日本で初めて開始されていて、岩手県での放送はＮＨＫ盛岡放送局が開局した昭和13（1938）年からです。民放では昭和28（1953）年に岩手放送が創立され、県内の民間放送の先駆けとなりました。

　テレビ放送は、すでに昭和28（1953）年にＮＨＫが放送を始めていましたが、昭和

34(1959)年4月の皇太子(現在の天皇)の結婚式をテレビで一目見ようと、テレビブームが巻き起こりました。頂点に達したのは、昭和39(1964)年の東京オリンピック開催のときでした。盛岡市内でもテレビが飛ぶように売れ、テレビアンテナが林立するようになりました。オリンピックでの日本人の活躍を期待しながら観戦したものでした。

　民放のIBC岩手放送が皇太子の結婚式のあとの昭和34(1959)年秋に放送を始めています。その後、テレビ岩手、岩手めんこいテレビ、岩手朝日テレビ、岩手ケーブルテレビジョンが創立され、私たちはいろいろな番組を見ることができるようになりました。

　雑誌では、昭和6(1931)年に全国の岩手県人の動向を伝える雑誌『新岩手人』が発刊されましたが、太平洋戦争末期に廃刊になり、戦後の昭和21(1946)年には『東北文庫』が発刊されました。この雑誌には、戦後の東北や県内の経済や文化情報が載って好評でしたが、10年ほど続き昭和31(1956)年に廃刊になりました。

　戦後、小説の分野で活躍をし始めたのは地元の小説家・鈴木彦次郎で、彼が中心になって『北の文学』が創刊されました。これは、戦後の岩手の文学を支えた雑誌で、今でも続いています。そこからは多くの新進作家が育っていき、いろいろな賞を受賞するような人も現れてきました。直木賞作家・高橋克彦氏などは、その代表的な人といえるでしょう。

　文化や先人に対する関心の高まりとともに、盛岡市には原敬記念館(1958年10月)や石川啄木記念館(1970年4月)、盛岡橋本美術館(1975年、2004年岩山漆芸美術館となり、現在閉館)、岩手県立博物館(1980年10月)、盛岡市先人記念館(1987年10月)、深沢紅子野の花美術館(1996年9月)などが次々と建てられました。これらの**文化施設**は現在、市民の心にうるおいを与え生涯学習の場として、また観光の拠点として活用されています。

深沢紅子野の花美術館

岩手国体　色濃く昔の面影を残した静かなたたずまいの盛岡が、県民の誰から見ても急激に変わっていったのは、昭和45

（1970）年の**岩手国体**のときでした。岩手国体の開催は、3年前の昭和42（1967）年に決まりましたが、そのときから、競技施設づくりや選手強化を進めるとともに、県内、特にメイン会場となった盛岡市は言うまでもなく、周辺の町や村もその頃の高度経済成長の波に乗り、一段と活気づいていきました。

　岩手国体の正式な名称は第25回国民体育大会で、夏季大会と秋季大会の2つがありました。特に秋季大会は、10月10日から15日まで盛岡市を中心に24市町村の56会場で繰り広げられました。「誠実・明朗・躍進」をスローガンに、県選手団は男女総合優勝を獲得するなど大いに活躍しました。

　国民体育大会の開催は、全国の選手や観客を迎えるために、県土を再点検するひとつのきっかけともなり、道路や景観が見直されることになったのです。

市街地の整備

　国民体育大会をきっかけにして、盛岡市の変化は急激なものでしたが、昭和50年代になると盛岡市大通商店街や菜園地区が整備され、旧商店街の材木町や肴町の活性化が図られるようになります。

　材木町は江戸時代を通じて交通量の多いところでしたが、明治・大正時代は活気のない町になってしまいました。材木町の商店を経営している人たちは話し合い、新しい、気持ちのいい町にしようということになり、町の景観を大きく変えていくことにしました。

　その結果、町は一変し、非常に買い物もしやすくなりました。宮澤賢治が本を出版したという「光原社（こうげんしゃ）」が真ん中にあるので、道路には宮澤賢治の座像ばかりではなく、彼が好きだったチェロなども彫刻されて置かれており、なにかしら通ってみたい町になっているのです。材木町の活性化のために、恒例の「**よ市**」が土曜日に開かれ、大勢の買い物客でごったがえすなど、昔のにぎやかさを取り戻しています。

　肴町も江戸時代からの古い通りでしたが、昭和50年代に一変しました。約350mに新装され**ホットラインサカナチョウ**ができあがり、買い物

土曜日に開かれる材木町よ市

客がひっきりなしに往来するようになりました。このなかでは、コンサートなどのイベントなどもおこなわれ、町ゆく人たちの足を止めています。

　昭和55（1980）年10月18日、盛岡市菜園地区に「川徳百貨店」がオープンしました。当初は肴町商店街からの移転で、いろいろ話題にのぼることもありましたが、現在は盛岡市を代表する百貨店として成長を続けています。

　一方では、昔からの街並みの景観を残そうとする運動も起こってきています。鉈屋町（なたやちょう）の町屋風な街並みなどは江戸時代からのもので、古風な景観を残そうとする人たちの手で、いま街づくりが検討されています。その成果は徐々に現れ、ここを通ると、江戸時代にタイムスリップしたような感覚にとらわれます。鉈屋町ばかりではなく、紺屋町や本町（ほんちょう）など盛岡の街のところどころには、今でも江戸時代の名残をとどめるものが散在しています。

　このように、新しく変わろうとする街並みとともに、伝統的な古い街並みも残そうとするバランスのとれた街づくりが、今まで以上に必要になっていくことでしょう。

江戸時代の景観が残っている鉈屋町の街並み

高速交通網

　東北本線が通ってから、しだいに東京への時間は短縮していきましたが、昭和40（1965）年10月には、仙台－盛岡間の電化が完成しました。それでも、東京までは7時間以上もかかっていました。

　画期的だったことは昭和57（1982）年6月に、大宮までの**東北新幹線**が開通したことです。これによって東京まで約4時間（「はやぶさ」は現在、最短で2時間10分）で行けるようになり、時間は格段に短縮され、日帰りできるようになりました。明治の頃には考えられなかったことです。もちろん、日本国内ばかりではなく世界との距離も飛躍的に縮まってきています。

　バスの運行も、昭和35（1960）年4月には盛岡市中ノ橋通に盛岡バスセンターができて、県内の交通網がしだいに整えられていきました。

　高速交通網の進展により、**東北縦貫自動車道**（じゅうかん）は昭和53（1978）年12月に、首都

圏と盛岡とが一直線で結ばれました。さらに秋田県や青森県にも道路が延長され、私たちは自動車で東西南北、どこへでも速く行くことができ、貨物輸送も大変便利になったのです。

航空網は昭和39（1964）年の花巻空港の開港で、大阪へは2時間余り、札幌へも1時間余りで行くことができ、日本ばかりか外国に羽ばたくうえでも格段に便利になりました。

昭和57（1982）年　東北新幹線・大宮－盛岡間開業
© 毎日新聞社

拡大する街

市制を敷いたあとの盛岡市は厨川村、米内村、中野村、本宮村、浅岸村など周辺の地域を合併して、だんだんと広くなっていきました。昭和30（1955）年の合併で簗川村と滝沢・玉山の2つの村の一部、少し遅れて太田村と雫石町のつなぎ温泉地区を、さらに平成4（1992）年春には都南村とも合併し、一段と面積を広げることになりました。

平成18（2006）年には玉山村全域と合併し886.5km²の広さとなりました。その結果、面積は明治22年に市制を敷いてからほぼ200倍になり、人口も現在はほぼ30万人と約10倍にふくれあがり、北東北の中核都市になりました。

都市もそこに暮らす人たちとともに成長していくのです。生活が便利になり、自宅にいながらにして、日本各地や世界とつながりをもてる時代になりました。

大震災の試練

平成23（2011）年3月11日午後2時46分、東日本の太平洋沿岸地域が大地震に見舞われました。地震の30分余りあとの巨大津波により岩手県の沿岸地方は大打撃をこうむり、本県は5000人ほどが津波のために犠牲になりました。東日本大震災は明治29（1896）年6月や昭和8（1933）年3月の三陸大津波を超えるもので、いかに地震後の津波が巨大だったかがうかがわれます。

盛岡市からも多くのボランティアが三陸沿岸に駆けつけたり、逆に盛岡市で被災者を

受け入れたりして、いろいろな形で支援の手が差しのべられてきました。5年余りたった現在、被災者たちの多くは家を失い、先祖代々暮らしてきたその土地を離れた人たちも少なくありません。今までの人間関係が変化した人たちも多くいます。

　元に戻るにはもう少し時間がかかりそうですが、多くの町では復興の足音が聞こえインフラ整備が進んでいます。物質的にも精神的にも少しずつながら、確実に前進している姿が見られます。

『よくわかる盛岡の歴史』略年表

時代	和暦	西暦	記事
旧石器時代	～15000年前		狩猟のため遊動生活（小石川遺跡など）
縄文時代	15000～2400年前		草創期～早期　しだいに定住生活始まる（大新町遺跡など）
			前～中期　大集落が出現（大館町・柿ノ木平遺跡など）
			後～晩期　低地の集落増加（科内遺跡など）
弥生時代	2400～1800年前		東北北部で丘陵地などで生活
古墳時代	4～6世紀		東北北部などで遊動生活（永福寺山、薬師社脇遺跡など）
	崇峻天皇2	589	近江臣満を蝦夷国境に派遣（この頃蝦夷概念が確立）
飛鳥時代	推古天皇元	593	推古天皇即位、聖徳太子摂政となる
	斉明4	658	阿倍比羅夫が水軍を率いて北方に遠征
奈良時代	和銅3	710	平城京遷都
	神亀元	724	陸奥国府として多賀城が造られる
	宝亀5	774	蝦夷と朝廷との38年戦争（～811）
平安時代	延暦13	794	平安京遷都
	延暦21	802	胆沢城が造られる
	延暦22	803	志波城が造られる（812年頃徳丹城へ移転）
	弘仁2	811	斯波、稗縫、和我郡を置く
	弘仁3	812	徳丹城がこの頃造られる（840年頃胆沢城へ集約）
	10世紀中葉		この頃、胆沢城が機能を停止、鎮守府が残る
	永承6	1051	前九年合戦（～1062）
	永保3	1083	後三年合戦（～1087）
院政期	応徳3	1086	白河上皇、院政を始める
	康和2	1100	藤原清衡、この頃平泉に本拠を築く
	12世紀前葉		比爪館、この頃造られる
鎌倉時代	文治元	1185	源頼朝、平氏を討ち、朝廷から守護、地頭の設置を認められる
	文治5	1189	平泉藤原氏、源頼朝に攻められる（文治奥州合戦）
	文治5	1189	工藤行光を岩手郡地頭に任命
			こののち足利義兼を斯波郡に配置（のちに斯波氏を名乗る）
南北朝期	元弘3	1333	鎌倉幕府が滅び、後醍醐天皇が親政を開始（建武の新政）
	建武元	1334	南部師行が糠部郡奉行として活躍
室町時代	明徳3	1392	南北朝が合体、1336年成立の室町幕府の全国支配が確立
			この頃から斯波郡の斯波氏が北奥羽の要となる（斯波御所）
	永享7	1435	永享和我稗貫合戦（～1436）
戦国時代	明応2	1493	明応の政変が起き、全国で戦乱が恒常化
			この頃から三戸南部氏が北奥羽の有力武将として台頭
	天文8	1539	三戸南部氏の本三戸城（現青森県南部町）が炎上
	天文14	1545	斯波氏、岩手郡南部に進出、のちに猪去、雫石に一族配置

時代	和暦	西暦	記事
安土桃山時代	永禄11	1568	織田信長、上洛を果たし、戦国時代に終止符
	天正16	1588	南部氏が斯波氏を滅ぼす
	天正18	1590	豊臣秀吉、奥羽仕置により大名の領地を再配分
	天正19	1591	九戸合戦を抑え、南部信直の領地が確定（奥羽再仕置）
	慶長3	1598	この頃盛岡城の築城開始
江戸時代	慶長5	1600	関ヶ原の戦いにより徳川家康の全国支配が確立
	慶長5	1600	和賀岩崎一揆起こる（～1601）
	慶長14	1609	上の橋が完成（1611年中の橋、1612年下の橋完成）
	元和元	1615	大坂夏の陣で豊臣氏が滅亡
	寛永10	1633	盛岡城を居城と定める
	寛永10	1633	福岡藩の栗山大膳が盛岡藩に預けられる（2年後に方長老も）
	寛永12	1635	江戸幕府、寛永武家諸法度を発布
	慶安4	1651	この年、盛岡は23町
	明暦3	1657	領内街道を整備する
	寛文4	1664	盛岡藩8万石と八戸藩2万石に分かれる
	寛文6	1666	盛岡領内の総検地に取りかかる
	寛文10	1670	盛岡で大洪水
	寛文12	1672	これ以降北上川新土手工事に着手し、城下の再整備を推進。
	延宝7	1679	盛岡八幡宮が遷座される
	延宝8	1680	新山舟橋落成
	天和3	1683	盛岡藩10万石となる
	貞享3	1686	岩手山が噴火
	元禄8	1695	元禄の大飢饉
	宝永4	1707	富士山の噴火で災害見舞金2000両を納める
	享保14	1729	盛岡城下大火、1933戸焼失
	享保16	1731	岩手山が噴火、焼走りができる
	享保19	1734	報恩寺五百羅漢の落慶
	宝暦5	1755	宝暦の大飢饉
	安永7	1778	盛岡城下大火、2426戸焼失
	天明3	1783	天明の大飢饉
	寛政4	1792	通（とおり）代官所が25に整理される
	寛政10	1798	盛岡城下の鳶たちがいろは組（30人）をつくる
	寛政11	1799	蝦夷地警備のため出兵
	文化5	1808	盛岡藩20万石に加増
	文化10	1813	盛岡城下で8組の消防組織が生まれる
	文政4	1821	相馬大作、弘前藩主を襲撃
	天保3	1832	天保の大飢饉
	弘化4	1847	三閉伊一揆（弘化の一揆）起こる

時代	和暦	西暦	記事
	嘉永2	1849	十六羅漢像の落慶
	嘉永6	1853	三閉伊一揆（嘉永の一揆）起こる
	安政2	1855	蝦夷地警備のため出兵
	安政4	1857	釜石の大橋鉱山で洋式溶鉱炉を築く
明治	明治元	1868	9月、戊辰戦争で盛岡藩が降伏、12月13万石に減封
	明治2	1869	3月、盛岡藩の版籍奉還
	明治3	1870	7月、盛岡藩を廃し、盛岡県を置く（廃藩置県）
	明治5	1872	1月、岩手県という名称になる（明治9年に現在の県域となる）
			8月、学制が発布される
	明治6	1873	春、仁王小学校が開校（県内初の小学校）
	明治7	1874	盛岡城の建物が取り壊される
	明治9	1876	7月、明治天皇が東北巡幸を実施
			7月、「巌手新聞誌」を発刊（本県新聞の始まり、のちの「岩手日報」）
	明治13	1880	春、公立岩手中学校が開校（県内初の中学校。現在の盛岡第一高等学校）
	明治17	1884	11月、盛岡市で大火（河南大火ともいう）
	明治22	1889	4月、盛岡市が市制施行（人口は29000人余り）
	明治23	1890	11月、盛岡まで東北本線が通る
	明治27	1894	日清戦争（〜1895）
	明治35	1902	3月、盛岡高等農林学校が創立（現在の岩手大学農学部）。開校は翌年
	明治37	1904	日露戦争（〜1905）
	明治38	1905	9月、盛岡市に電灯がともる
	明治39	1906	9月、盛岡城跡に岩手公園が完成
	明治41	1908	1月、盛岡市に電話が開通
	明治43	1910	秋、中津川が大洪水
大正	大正7	1918	9月、原敬が総理大臣になる（1921年東京駅で暗殺される）
	大正11	1922	4月、県立図書館が盛岡市に完成
昭和	昭和2	1927	盛岡市大通の開発が始まる
	昭和6	1931	11月、本県でも銀行パニックが起こる
	昭和6	1931	この年、雑誌『新岩手人』が創刊される（昭和19年まで）
	昭和7	1932	この年から数年間、大凶作が続く
	昭和12	1937	日中戦争始まる（〜1945）
	昭和13	1938	8月、ＮＨＫ盛岡放送局（ラジオ放送）が開局
	昭和16	1941	太平洋戦争始まる（〜1945）
	昭和20	1945	3月、盛岡駅前が空襲にあう
			8月、第二次世界大戦が終わる
	昭和21	1946	5月、盛岡市で戦後初のメーデーがおこなわれる
	昭和22	1947	4月、戦後初の統一地方選挙で国分謙吉が知事に当選
			9月、カスリーン台風、翌年にアイオン台風におそわれる

時代	和暦	西暦	記事
	昭和24	1949	6月、岩手大学が発足
	昭和25	1950	10月、東北農業試験場ができる
	昭和28	1953	12月、岩手放送がラジオ開局（県内民間放送の先駆け）
	昭和33	1958	12月、ＮＨＫ盛岡放送局がテレビ放送を開始
	昭和34	1959	9月、岩手放送がテレビ開局（県内民間テレビの先駆け）
	昭和35	1960	4月、盛岡バスセンターが完成
	昭和39	1964	2月、花巻空港が開港
	昭和43	1968	1月、タウン誌「街もりおか」が創刊される
	昭和44	1969	10月、「盛岡タイムス」が創刊される
	昭和45	1970	10月、岩手国体が開催される
	昭和48	1973	第1次オイルショック（昭和54年に第2次オイルショック）
	昭和53	1978	12月、東北縦貫自動車道が開通
	昭和57	1982	6月、東北新幹線が開通
平成	平成3	1991	バブル経済崩壊
	平成4	1992	4月、盛岡市が都南村と合併
	平成18	2006	1月、盛岡市が玉山村と合併
	平成23	2011	3月、東日本大震災が起こり東北3県が甚大な被害をこうむる
	平成26	2014	1月、滝沢市が誕生

※時代区分には画期のとらえ方により諸説があります。

盛岡藩主一覧

代	名	治世期間	代	名	治世期間
初代	信直（のぶなお）	1590 〜 1599	9代	利雄（としかつ）	1752 〜 1779
2代	利直（としなお）	1599 〜 1632	10代	利正（としまさ）	1780 〜 1784
3代	重直（しげなお）	1632 〜 1664	11代	利敬（としたか）	1784 〜 1820
4代	重信（しげのぶ）	1664 〜 1692	12代	利用（としもち）	1820 〜 1825
5代	行信（ゆきのぶ）	1692 〜 1702	13代	利済（としただ）	1825 〜 1848
6代	信恩（のぶおき）	1702 〜 1707	14代	利義（としおも）	1848 〜 1849
7代	利幹（としもと）	1708 〜 1725	15代	利剛（としひさ）	1849 〜 1868
8代	利視（としみ）	1725 〜 1752	16代	利恭（としゆき）	1868 〜 1870

※初代について2説あり、信直初代説は近世大名の成立を重視する立場、利直初代説は江戸幕府成立を重視する立場。本書は前者の立場で記述しています。

索 引

人 名

あ

- 浅野長政……………………………… 43
- 足利家氏……………………………… 35
- 足利尊氏……………………………… 36
- 足利義兼……………………………… 35,105
- 安倍貞任……………………………… 27,28
- 安倍忠好（忠良）…………………… 27
- 阿倍比羅夫…………………………… 22,105
- 安倍頼良（頼時）…………………… 27
- 池野藤兵衛…………………………… 72,94
- 石井省一郎…………………………… 87,88
- 石川啄木……………………………… 91
- 板垣征四郎…………………………… 91
- 伊東圭介……………………………… 86
- 上田農夫……………………………… 86,96
- 鵜飼節郎……………………………… 86
- 江幡五郎……………………………… 67
- 大久保利通…………………………… 85
- 大崎義隆……………………………… 39
- 大島高任……………………………… 68
- 織田信長……………………………… 39,42,106

か

- 葛西晴信……………………………… 39
- 釜津田甚六…………………………… 51
- 菊池金吾……………………………… 85
- 北十左衛門…………………………… 47,48
- 北田親氏……………………………… 92
- 北信愛………………………………… 46,60
- 北畠顕家……………………………… 36
- 木戸孝允……………………………… 67,68,85
- 清原武則……………………………… 28
- 清原光頼……………………………… 28
- 金田一京助…………………………… 91
- 工藤行光……………………………… 35,105
- 九戸政実……………………………… 39,42,43
- 栗山大膳……………………………… 65,106
- 郷古潔………………………………… 91
- 国分謙吉……………………………… 98,107
- 後醍醐天皇…………………………… 36,105

さ

- 西郷隆盛……………………………… 84
- 斉明天皇……………………………… 22
- 三戸南部氏…………………………… 36,38,50,105
- 斯波詮直……………………………… 39
- 斯波家長……………………………… 36
- 斯波氏 35,36,37,39,40,45,49,54,105,106
- 下田三蔵……………………………… 65
- 鈴木舎定……………………………… 86
- 鈴木梅太郎…………………………… 90
- 須々孫氏……………………………… 36
- 相馬大作……………………………… 77,106

た

- 大黒屋光太夫………………………… 75
- 高田吉兵衛…………………………… 39
- 伊達政宗……………………………… 39
- 津軽寧親……………………………… 77
- 徳川家光……………………………… 49
- 徳川家康……………………………… 47,51,106
- 冨田小一郎…………………………… 91
- 豊臣秀吉……………………………… 42,106

な

- 那珂梧楼……………………………… 67,68
- 楢山佐渡……………………………… 82,83
- 南部氏… 36,38,39,40,43,44,45,47,48,50,52,53,77,105,106
- 南部実信……………………………… 65
- 南部重直……………………………… 44,49,51,52,53,54
- 南部重信……………………………… 53,54,65
- 南部利済……………………………… 66
- 南部利直…43,44,46,47,48,49,50,51,52,53,86,108
- 南部利幹……………………………… 65

南部直房	53	北条得宗家	35
南部信恩	65	方長老	65,106
南部信直	39,42,43,44,49,86,106	**ま**	
南部師行	36,105	三浦命助	79
南部（八戸）弥六郎	78	三田義正	93,94
南部行信	65	源義家	29
新渡戸稲造	82,84	源頼義	28,29
根城南部氏	36,50	宮澤賢治	90,101
野村長一（胡堂）	91	目時敬之	87
は		**や**	
畠山多助	79	八角高遠	67,69
原敬	84,93,100,107	吉田松陰	68
東次郎	84	米内受政	87
樋爪俊衡	34	米内光政	87,91
平泉藤原氏	28,29,32,33,34,105	**わ**	
藤原清衡	28,32,105	和賀氏	36,38
藤原経清	28		

地 名

あ		久慈	43
秋田街道	46	久慈町	63
東街道	37	高水寺	37,39,45,54
安家村	78	上野国	22
胆沢・江刺郡	25	呉服町	55,63
岩手山	72,106	紺屋町	55,63,72,102
岩手町	31,63	**さ**	
馬町	96	菜園	94,101,102
映画館通り	94	材木町	63,73,101
蝦夷地	69,75,76,77,106,107	肴町	63,89,101,102
大沢川原	54,55	三戸町	38,63
大槌	76,78,79	白石	83,84
大通	94,101,107	志和	42,45,47,49
鬼切	28	斯波郡	25,35,36,37,39,105
小本街道	46	新穀町	72
か		新田町	55
鹿角	42,47,48,49,59,82,83	仙北町	63,87
釜石	46,57,68,76,107	**た**	
川原町	55,73	大工町	63

田名部	76	平泉	28,29,30,32,33,34,35,105
津軽	22,33,38,76,77	閉伊	42,49,50
津軽町	63	**ま**	
遠野	10,43,46,50,54,78,79	宮古	46,50,56,76,78,79
遠野（釜石）街道	46	宮古街道	46,56
な		陸奥	23,24,25,27,28,29,33,36,39,49,57,79,105
糠部	23,33,36,42,49,57,105	奥六郡	27,28,29,33
野田	46,76,78,79	**わ**	
野田街道	46	和賀	36,38,42,43,47,49,54,80,106
は		和我・稗縫・斯波の3郡	25
稗縫	25,105		

ことがら

あ

アイオン	98,107	岩手放送	99,100,108
会津藩	76,82	岩手めんこいテレビ	100
安倍館遺跡	40	岩山漆芸美術館	100
飯岡才川遺跡	21	上田蝦夷森古墳群	19,21
飯岡沢田遺跡	21	うだつ	72
家の長	20,21	馬の産地	23,57,96
猪去御所	39	永享和賀稗貫合戦	36,38
胆沢城	24,25,27,105	永福寺	45,64
石川啄木記念館	100	永福寺山遺跡	17,18,105
石淵ダム	99	蝦夷（えぞ）	49
石割桜	88	江戸廻米	51
板碑	37	ＮＨＫ盛岡放送局	99,107,108
異文化	14	蝦夷（えみし）	19,20,21,22,23,24,25,27,105
岩手朝日テレビ	100	鮎	15
岩手銀行赤レンガ館	88,95	奥羽越列藩同盟	82,83
岩手ケーブルテレビジョン	100	奥羽再仕置	42,106
岩手県立図書館	93	奥羽仕置	42,106
岩手県立博物館	96,100	奥州管領	36
岩手公園	91,97,107	奥州道中	46,85
岩手国体	7,100,101,108	大坂夏の陣	106
巌手新聞誌	86,107	大坂冬の陣	48,49
岩手大学	90,107,108	太田蝦夷森古墳群	21
岩手中学校	90,107	太田カルテット	93
岩手日報	86,95,99,107	大館町遺跡	12,14,20
		大橋遺跡	10

大橋鉱山	68,107
尾去沢鉱山	59
御田屋清水	94
落合遺跡	33
帯金具	22

か

階級	17
嘉永の一揆	79,107
学制	67,70,89,90,107
カスリーン	98
鹿妻穴堰	51
金山踊からめ節	48
河南大火	92,107
金取遺跡	10
上の橋	45,46,72,106
川徳百貨店	102
寛永武家諸法度	52,106
基層文化	14
北の文学	100
木津屋池野藤兵衛家	72
紀念館	93
擬宝珠	46
旧石井県令邸	88
求我社	86
旧石器時代	10,11,105
旧中村家（糸治）	72
給人	60,62
凶作	51,59,73,74,79,95,107
教浄寺	45,64
玉音放送	97
キリシタン	48,52
銀行	87,88,90,95,107
銀白檀塗合子形兜	65
空襲	97,107
九戸合戦	42,43,49,60,106
九戸城	43
久保田藩	82,83
厨川柵	4,27,28,29
黒船	75,79

警察	87
源勝寺	45
元禄の大飢饉	73,106
小石川遺跡	10,105
小岩井農場	96
弘化の一揆	78,106
光原社	101
高水寺	37,45
高水寺城	37,39,54
興福寺（広福寺）	45
郡山城	39,54
後三年合戦	28,29,105
御所ダム	14,15,72
五智如来像	74
五人組	64
古墳寒冷期	17,20

さ

作人館	67,70,90
雑誌	86,98,99,100,107
参勤交代	51,52,55,59
さんさ踊り	53
38年戦争	24,105
山王海ダム	99
三戸城	38,43,54,105
三の丸	44
三閉伊一揆	78,80,106,107
地方知行	60
紫根染	57
四十四田ダム	72,99
下小路薬園	67
蒔内遺跡	14,15
斯波御所	36,38,105
下の橋	45,46,72,90,92,106
獣医学舎	90
十一面観音	30
自由民権運動	86
十六羅漢	61,74,107
儒学	65,66,67
城館	37,40

城柵	23,24,26	町人	44,51,56,62,63,66
聖寿寺	38,45,64,76	鎮守府	25,27,28,105
正伝寺	51	繋Ⅲ遺跡	38
庄内藩	76	綱取ダム	72
城南小学校	90	定住	11,12,17,20,105
白根金山	47,48,59	手伝い普請	59
志波城	20,23,24,25,26,105	丁稚奉公	66
新岩手人	100,107	鉄道	55,81,87
新山河岸	46	寺子屋	64,65,66,89
新山寺	37,45	テレビ岩手	100
新山舟橋	55,106	テレビブーム	100
新築地	54	伝「安倍道」	37
新聞	86,87,93,97,99,107	伝「鎌倉街道」	37
錫製の環	21	電気	87
生活領域	13	伝法寺	37
西南戦争	84,86	伝法寺館跡	37
関ヶ原の戦い	47,49,53,106	天保の大飢饉	74,106
堰根遺跡	33	天明の大飢饉	73,106
前九年合戦	27,28,29,35,105	電話	87,107
仙台藩	50,54,73,76,79	東禅寺	64
惣門	44,55	東北縦貫自動車道	102,108
外曲輪	44	東北巡幸	85,107
た		東北新幹線	102,103,108
第一次世界大戦	93,94	東楽寺	30
第九十銀行	88	遠曲輪	44,55
大荘厳寺	37,45	通制度	49,54
大新町遺跡	12,105	徳丹城	23,24,25,105
大泉寺	45	徒弟奉公	66
台太郎遺跡	35,36	**な**	
大日如来座像	37	永井古墳群	21
太平洋戦争	97,100,107	中津川三橋	46,72
高舘古墳	21	中の橋	44,45,46,72,95,106
高知衆	62	鉈屋町	102
高直し	76,77	南部馬	23,57,59,68,85,96
高柳遺跡	20	仁王学校	85,90
啄木・賢治青春館	88	仁王小学校	67,90,107
田瀬ダム	99	日露戦争	86,93,107
チャグチャグ馬コ	57,96	日進新聞	86
中核都市	103	日清戦争	86,93,107

日新堂	69,70	枡形	56
日中戦争	97,107	末期古墳	21,22,23
二の丸	44	三ツ石伝説	53
日本国憲法	98	村の長	20
糠部の駿馬	23	明義堂	66,67
淳足柵	23	明治維新	67,68,70,75,82
農耕	16,17,96	本三戸城（聖寿寺館）	38
農地改革	98	盛岡学校	90

は

廃藩置県	83,107	盛岡銀行	88,95
馬具	21,23	盛岡劇場	93
馬検場	96	盛岡高等農林学校	90,107
八戸藩	54,70,106	盛岡五箇寺	64
八幡宮	57,64,85,89,106	盛岡市先人記念館	100
八稜鏡	31	盛岡師範学校	90
ハナイズミモリウシ	11	盛岡城	38,41,43,44,45,46,48,51,54,55,56, 60,62,63,64,82,91,92,106,107
花巻城	54	盛岡白百合学園高等学校	90
原敬記念館	100	盛岡第一高等学校	90,91,107
版籍奉還	83,107	盛岡第二高等学校	90
東日本大震災	103,108	盛岡タイムス	99,108
火消し	71,72	盛岡農業高等学校	90
比爪館跡	34,37	盛岡橋本美術館	100

百姓一揆	43,78		

や

病院	87	薬師社脇遺跡	17,105
弘前藩	73,75,76,77,106	柳之御所遺跡	32
深沢紅子野の花美術館	100	ヤマセ	59,73
仏堂跡	33	夕顔瀬橋	55,72
文化施設	99,100	遊動生活	11,17,20,105
文治奥州合戦	34,35,105	郵便	87
報恩寺	45,64,106	よ市	101
宝暦の大飢饉	73,106	洋式高炉	70

戊辰戦争	82,83,84,85,91,107		

ら

北海道系土器	18	領知判物	49
ホットラインサカナチョウ	101	蓮華寺	37
本誓寺	45		

わ

本丸	40,44	和賀岩崎一揆	47,106

ま

前野遺跡	33	和同開珎	22
曲がり家（屋）	57,96	蕨手刀	22

引用・参考文献

全般
岩手県『岩手県史』第1〜12巻　杜陵印刷 1961~1966
岩手県立図書館編『岩手史叢 内史畧』1〜3　岩手県文化財愛護協会　1973~1974
南部叢書刊行会編『南部叢書』第1〜10冊　歴史図書社　1971
細井計・伊藤博幸・菅野文夫・鈴木宏『岩手県の歴史』山川出版社　1999
細井計編『街道の日本史　南部と奥州街道』吉川弘文館　2002
盛岡市史編纂委員会編『盛岡市史』（第1〜21分冊）　盛岡市　1950~1981

第1〜3章
樋口知志編『東北の古代史5　前九年・後三年合戦と兵の時代』吉川弘文館　2016
八木光則「東北の城柵」『史跡で読む日本の歴史4　奈良の都と地方社会』吉川弘文館 2010
八木光則『古代蝦夷社会の成立』同成社　2010

第4章
菊池悟郎『南部史要』1911
麓三郎『尾去沢・白根鉱山史』頸草書房　1964
吉田義昭・及川和哉『図説盛岡四百年』上巻　郷土文化研究会　1983

第5章
加藤章他『日本の名族−1　東北編Ⅰ』新人物往来社　1989
佐藤竜一『シリーズ藩物語　盛岡藩』現代書館　2006
茶谷十六『安家村俊作ー三閉伊一揆の民衆像』民衆社　1980
東京朝日新聞逓信部編『岩手縣政物語』世界社　1928
藩史研究会編著『藩史事典』秋田書店　1976
森嘉兵衛『岩手をつくる人々　近代編　上・中・下巻』法政大学出版局　1974
山田勲『岩手の茶道史』岩手県茶道協会　1994

第6章
河西英通『東北ーつくられた異境』中公新書　2001
新渡戸稲造『幼き日の思い出』(財)新渡戸基金　2007

挿図・写真出典

第1章　自然と共生した時代
9頁　縄文土器（大館町遺跡54次調査 RA2189 竪穴住居跡出土）　盛岡市遺跡の学び館蔵（執筆者撮影）
10頁　小石川遺跡の石器　玉山村教委 1982『小石川遺跡』に加筆編集
12頁　大新町遺跡の爪形文土器　盛岡市教委 1987『大館遺跡群―昭和61年度発掘調査概報』より転載
13頁　縄文時代中期の生活領域　盛岡市教委 1999『縄文の鼓動』特別展図録に加筆
14頁　大館町遺跡の住居跡群　盛岡市教委 1992『大館遺跡群―平成3年度発掘調査概要』より転載
14頁　蒔内遺跡の墓地　岩手県埋蔵文化財センター 1982『蒔内遺跡』に加筆編集

15頁　萪内遺跡の「鮏」　岩手県立博物館 1993『じょうもん発信』から転載
16頁　尾瀬ヶ原の泥炭層から復元される気候変化　坂口豊 1984「寒冷地域の気候変化」『寒冷地域の自然環境』北大図書刊行会所載のデータより年代補正のうえ作図
17頁　永福寺山遺跡の墓　盛岡市教委 1997『永福寺山遺跡』に加除筆
18頁　北海道系土器の分布（執筆者作図）

第2章　蝦夷から安倍氏へ
19頁　蝦夷の長の冑（上田蝦夷森古墳群出土品）　盛岡市遺跡の学び館蔵
20頁　百目木遺跡の竪穴住居群　盛岡市教委 1980『志波城跡』パンフレットより転載
21頁　上田蝦夷森古墳群1号墳　盛岡市教委 1997『上田蝦夷森古墳群・太田蝦夷森古墳群』に加筆
22頁　蕨手刀　松浦武四郎（弘）1882『撥雲余興』第2集から転載
23頁　モウコノウマ　多摩動物公園飼育（執筆者撮影）
23頁　東北地方の城柵遺跡（執筆者作図）
24頁　志波城跡の政庁周辺の様子　盛岡市教委 2003『志波城跡』パンフレットに加除筆
25頁　志波城の規模の比較　盛岡市教委 1980『志波城跡』パンフレットに加筆
26頁　志波城外郭南門（執筆者撮影）
28頁　安倍氏・清原氏・平泉藤原氏の略系図（執筆者作図）
29頁　奥六郡と柵・合戦場（執筆者作図）
30頁　東楽寺の木造十一面観音菩薩立像　盛岡市玉山区東楽寺蔵（岩手日報社提供）

第3章　動乱の中世
31頁　鴛鴦と瑞花が描かれた八稜鏡（岩手町どじの沢遺跡）岩手町教育委員会蔵（執筆者撮影）
32頁　北奥の12世紀の遺跡（執筆者作図）
33頁　前野遺跡の仏堂跡　盛岡市教委 1999『前野遺跡』に加除筆
34頁　比爪館跡　紫波町都市計画図をもとに作図
35頁　鎌倉時代前期の御家人の配置（執筆者作図）
36頁　鎌倉時代の領主の屋敷跡（台太郎遺跡）　盛岡市遺跡の学び館 2005『乱世を駆けぬけた武将たち』企画展図録に加筆
37頁　矢巾町伝法寺館跡の大日如来坐像（執筆者作図）
38頁　永享和賀稗貫合戦　盛岡市遺跡の学び館 2005『乱世を駆けぬけた武将たち』企画展図録に加除筆）
39頁　斯波氏の勢力範囲（天正年間）　執筆者作図
40頁　栗谷川古城図（安倍館遺跡）　もりおか歴史文化館蔵

第4章　盛岡藩の成立と展開
41頁　描かれた盛岡城（狩野存信筆『三幅対』のうち「盛岡城図」部分）もりおか歴史文化館蔵
42頁　南部信直像（『南部氏歴代画像』より）もりおか歴史文化館蔵
42頁　奥羽再仕置後の南部信直領（執筆者作図）
45頁　江戸初期の盛岡城下　盛岡市中央公民館 1999『盛岡城下の街づくり』をもとに再トレース
46頁　上の橋の青銅擬宝珠（執筆者撮影）

| 47頁　盛岡藩の産金（白根金山の運上金の推移）森嘉兵衛 1932「陸奥産金の沿革」『社会経済史学』6-6のデータより執筆者作図
| 49頁　徳川家光からの領地安堵状　もりおか歴史文化館蔵
| 50頁　盛岡藩の通（執筆者作図）
| 55頁　新山舟橋の図（『増補行程記』部分）　もりおか歴史文化館蔵
| 56頁　江戸中期の盛岡城下　盛岡市中央公民館 1999『盛岡城下の街づくり』をもとに再トレース
| 58頁　盛岡藩の藩牧（木崎牧）（『九牧図』のうち「木崎牧図」）もりおか歴史文化館蔵（一部加筆）

第5章　暮らしと文化、社会の動揺

| 61頁　石造十六羅漢（執筆者撮影）
| 62頁　盛岡藩士の石高構成（『盛岡市史 近世期上2』所載データをもとに作図）
| 65頁　銀白檀塗合子形兜　もりおか歴史文化館蔵
| 67頁　藩校作人館扁額　盛岡市仁王小学校蔵（執筆者撮影）
| 69頁　日新堂旧蔵のドン日時計　もりおか歴史文化館蔵
| 70頁　大橋製鉄所絵図（部分）　もりおか歴史文化館蔵
| 71頁　安永・享保の大火の範囲（執筆者作図）
| 72頁　旧中村家住宅主屋の「うだつ」（執筆者撮影）
| 74頁　不作による減産石高　細井計 1980「凶作と飢饉」『岩手県の歴史と風土』創土社より作図
| 75頁　安政年間の蝦夷地出兵（執筆者作図）
| 76頁　聖寿寺五重塔屋根之図　もりおか歴史文化館蔵
| 78頁　三閉伊一揆（弘化の一揆）の行進路（執筆者作図）
| 80頁　一揆の年代と規模（執筆者作図）

第6章　近代から現代へ

| 81頁　明治23年開業の盛岡駅（『岩手県鉄道沿線名勝図巻』のうち「盛岡停車場図」）もりおか歴史文化館蔵
| 83頁　戊辰戦争大館出兵の行路（執筆者作図）
| 85頁　「御幸新道」の碑（執筆者撮影）
| 88頁　旧盛岡藩家老北氏の屋敷跡（執筆者撮影）
| 88頁　旧石井県令邸（執筆者撮影）
| 90頁　岩手大学農学部附属農業教育資料館（執筆者撮影）
| 92頁　中津川治水事業を記念した石碑（執筆者撮影）
| 94頁　大通の「開町之碑」（執筆者撮影）
| 95頁　岩手銀行（旧盛岡銀行）旧本店本館（執筆者撮影）
| 96頁　6月恒例のチャグチャグ馬コ（執筆者撮影）
| 99頁　盛岡市の北部にある四十四田ダム（執筆者撮影）
| 100頁　深沢紅子野の花美術館（執筆者撮影）
| 101頁　土曜日に開かれる材木町よ市（執筆者撮影）
| 102頁　江戸時代の景観が残っている鉈屋町の街並み（執筆者撮影）
| 103頁　昭和57（1982）年　東北新幹線・大宮－盛岡間開業（毎日新聞社提供）

※執筆者撮影は加藤・高橋・藤井・八木、作図は八木が担当した。

あとがき

　この本の構想を思いついたのは、今から7、8年も前からのことになります。それまで盛岡市に、中学生ぐらいからわかるような「盛岡の歴史」本がなかったことから、加藤章氏が中心となって、そんな本をつくろうと立ち上げたのでした。

　4人の執筆陣（執筆年代順に八木光則、加藤章、高橋知己、藤井茂）に石田紘子さん（深沢紅子野の花美術館館長）も加わって方針を固め、執筆に取りかかりましたが、途中、いろいろなことがあって長引いてしまいました。早く完成しなければと思い、昨年から気持ちをまた入れて取りかかっていましたが、痛恨の極みは、本文が最終段階に入った今年2月、われわれの中心ともいえる加藤章氏が突然亡くなられたことでした。悠長に事を進めてきたわれわれは「しまった!?」と大いに反省しましたが、もう「時すでに遅し」でした。

　その意味で、この本は遅ればせながら、加藤章先生に捧げる本になってしまったともいえるでしょう。

　本文は4人で分担し、この間、何度も会合をもったあと、執筆をして持ちあい、読み合わせや手直しをしました。主に加藤章先生宅（盛岡市菜園）でおこなったのですが、それは今思い出しても至福のひとときでした。こうして生まれた本なのです。それだけに、感慨ひとしおのものがあります。

　資料提供の面で岩手銀行、岩手町教育委員会、岩手日報社、東楽寺、仁王小学校、盛岡市遺跡の学び館、盛岡市中央公民館、盛岡歴史文化館、早稲田大学鉄道研究会などの皆様には大変なご厚意をいただきました。お礼を申し上げます。

　盛岡南ロータリークラブ様や盛岡商工会議所様にも多大なご協力をいただき心から感謝申し上げます。

　本書を編むにあたって、特に参考にさせていただいた文献の一つに、『盛岡市史』があります。

　多くの史料にもとに詳述された『盛岡市史』21分冊は昭

和19年の編纂開始から昭和56年まで長きにわたって刊行されてきました。当時の研究水準の高さを示し、盛岡の歴史書の原典として、その後の幾多の普及版にも大きな影響を与えてきました。

　しかし多くは昭和30年代に刊行され、すでに60年ほどの年月が経過しています。この間に盛岡藩家老席日誌『雑書』の活字化が進み、地方文書の発掘などにより歴史研究は大きく進展してきています。歴史研究の方法も精細になり、『盛岡市史』がすぐれたものであっても、やはり時代の流れのなかに留まることはできません。

　また『盛岡市史』は、特に近世以降盛岡藩や岩手県の中心地の歴史として、県内はじめ全国から高い関心が寄せられています。

　盛岡の市民をはじめ多くの人の拠るべき新たな『盛岡市史』の編纂が企図されることを切に願うものです。

　先人たちが苦労を重ね築いてきたものは何なのかを見きわめ、これから先の盛岡がどのように変わっていけばいいのかをしっかりと考えていくことが、美しい未来をつくる次代の人々の役割でもあるのです。

　旧石器時代や縄文時代からの先人たちが幾多の困難をのりこえ築いてきた盛岡の歴史は、これから先の時代を予測し、成長の筋道を考える時、きっと大きな力となることでしょう。

　これから先、色々な困難に出会う時こそ、先人たちの築いた盛岡の歴史を読みかえしてほしいと思います。また、この本によって、盛岡という街を、盛岡の歴史を身近に感じていただければ、我々の本望とするところです。

平成28年（2016）7月　執筆者一同

- ◆ 出版協力　　国際ロータリー第2520地区
　　　　　　　　盛岡南ロータリークラブ

- ◆ 執　　筆　　加藤 章（かとう あきら）　1931年　岩手県生　2016年没
　　　　　　　　上越教育大学元学長、盛岡大学元学長
　　　　　　　　主著『南部藩参考諸家系図』（共著）国書刊行会、『戦後歴史教育史論』東京書籍ほか

　　　　　　　　高橋知己（たかはしともみ）　1962年　岩手県生
　　　　　　　　上越教育大学大学院准教授
　　　　　　　　主著『創発学級のすすめ』ナカニシヤ出版、『夢を追いかけて－幕末を駆けぬけた蘭学者高野長英－』（高橋ともみ）文芸社ほか

　　　　　　　　藤井 茂（ふじい しげる）　1949年　秋田県生
　　　　　　　　一般財団法人新渡戸基金常務理事兼事務局長
　　　　　　　　主著『新渡戸稲造事典』（共編）教文館、『すべての日本人へ－新渡戸稲造の至言』（共編）新渡戸基金ほか

　　　　　　　　八木光則（やぎ みつのり）　1953年　北海道生
　　　　　　　　考古学研究者
　　　　　　　　主著『古代蝦夷社会の成立』同成社、『九世紀の蝦夷社会』（共編）高志書院ほか

- ◆ 協　　力　　石田紘子　深沢紅子野の花美術館館長

よくわかる盛岡の歴史（もりおか れきし）

2016年8月18日　初版第1刷発行

著者――――――加藤章・高橋知己・藤井茂・八木光則
ブックデザイン――金子 裕（東京書籍AD）
発行者――――――千石雅仁
発行所――――――東京書籍株式会社
　　　　　　　　〒114-8524　東京都北区堀船2-17-1
　　　　　　　　電話　営業　03-5390-7531
　　　　　　　　　　　編集　03-5390-7515
印刷・製本――――小松総合印刷株式会社

ISBN978-4-487-80998-1 C1021
Copyright©2016 by Akira Kato, Tomomi Takahashi, Shigeru Fujii, Mitsunori Yagi
All rights reserved. Printed in Japan